D1676527

Katharina Kayser

Familie und Beruf?

Der Einfluss der Berufssituation auf die Familienplanung

Diplomica Verlag GmbH

Kayser, Katharina: Familie und Beruf? Der Einfluss der Berufssituation auf die Familienplanung, Hamburg, Diplomica Verlag GmbH 2013

Buch-ISBN: 978-3-8428-9927-8
PDF-eBook-ISBN: 978-3-8428-4927-3
Druck/Herstellung: Diplomica® Verlag GmbH, Hamburg, 2013

Bibliografische Information der Deutschen Nationalbibliothek:
Die Deutsche Nationalbibliothek verzeichnet diese Publikation in der Deutschen Nationalbibliografie; detaillierte bibliografische Daten sind im Internet über http://dnb.d-nb.de abrufbar.

Hermannstal 119k, 22119 Hamburg
http://www.diplomica-verlag.de, Hamburg 2013
Printed in Germany

Inhaltsverzeichnis

Abbildungs- und Tabellenverzeichnis

1. Einleitung

(Quelle: Stern 2011: 59)

In der politischen und medialen Diskussion geht es immer wieder um die niedrigen, nicht bestandserhaltenden Geburtenraten in Deutschland.[1] Obwohl die Geburtenrate[2] seit den 70er Jahren relativ konstant zwischen 1,4 und 1,3 Kindern pro Frau liegt, werden absolut betrachtet immer weniger Kinder geboren, da die Anzahl der potentiellen Mütter kleiner wird. Die absoluten Bevölkerungszahlen sinken folglich. Weil zudem auch die Lebenserwartung der Menschen steigt, erhöht sich der Altenquotient[3] stetig. Die Folgen einer alternden Bevölkerung, insbesondere für die sozialen Sicherungssysteme, sind das Hauptproblem dieser Entwicklungen (Hradil 2004: 48ff). Während es früher noch hieß: „Kinder kriegen die Menschen immer“, geht es heute um die Frage, wie die Geburtenzahlen wieder erhöht werden könnten (Steingart 2005: 124, zit. n. Adenauer 1957). Die Karikatur (s.o.) illustriert das Problem. Was in den 50er und 60er Jahren noch undenkbar schien, ist heute immer mehr verbreitet: das Aufschieben eines Kinderwunsches endet in lebenslanger Kinderlosigkeit. „Die Bevölkerungsentwicklung ist geprägt davon, dass Familienbildung aufgeschoben, wenn nicht gar unterlas-

[1] Seit den 70er Jahren ist die Geburtenrate in Deutschland jedes Jahr unter dem Bestandserhaltungsniveau, das bei durchschnittlich 2,1 Kindern pro Frau liegen würde (Hradil 2004: 48f).

[2] Auf die Problematik der Verwendung der zusammengefassten Geburtenziffer nach Kalenderjahren wird in Kapitel 2.1 eingegangen.

[3] Der Altenquotient ist der Anteil der Bevölkerung ab dem Alter von 60 Jahren und älter je 100 Personen zwischen 20 und 59 Jahren. Man könnte auch einen anderen Altenquotienten z.B. für die Altersgrenze 65 wählen (Hradil 2004: 77).

sen wird“ (BIB 2005: 1). Vor allem die Rahmenbedingungen, unter denen Fertilitätsentscheidungen getroffen werden, sind diesbezüglich von Bedeutung. Vorhandene Kinderwünsche sollten im gesellschaftlichen Interesse in ihrer Realisierung nicht gehemmt, sondern gefördert werden. Insbesondere die beruflichen Phasen sind heute, gerade auch für Frauen, bedeutsam und oft ausschlaggebend bei Entscheidungen der privaten Lebensführung. Der Arbeitsmarkt und der individuelle berufliche Werdegang haben daher einen großen Einfluss auf die Gestaltung der eigenen Lebensführung und der biografischen Abläufe; dies führt zu einer „(…) neuen Normierung der Familienkarriere entlang den Stadien der beruflichen Karriere und damit zu neuen Standardmustern“ (Schneider/Rosenkranz/Limmer 1998: 16). Die Globalisierungsentwicklungen und die daraus entstandene Flexibilisierung des deutschen Arbeitsmarktes haben die Berufssituationen verändert. Der Einstieg in das Berufsleben ist schwieriger geworden. Prekäre, befristete und schlecht bezahlte Beschäftigungsverhältnisse sowie die Arbeitslosigkeit junger Menschen sind im Kohortenvergleich heute häufiger.[4] Gerade auch weil junge Menschen wenig Berufserfahrung und keine festen Bindungen zum Arbeitsmarkt haben, gelten sie als Verlierer des Flexibilisierungsprozesses. Die Arbeitsplatzsituation ist insgesamt instabiler geworden. Dies hat mehr Unsicherheiten für zukünftige Lebensplanungen zur Folge. Da eine Familienplanung aber unter stabilen Voraussetzungen getroffen werden will, konkurrieren beide Bereiche miteinander (Mills/Blossfeld 2003: 188f; Blossfeld et al. 2008: 28f). Das besondere Interesse dieses Buches liegt im Wandel der Arbeitsmarktsituation und deren Auswirkungen auf die Geburtenentwicklung. Problematisch ist die Situation insbesondere, weil die Altersgruppen der potentiellen Eltern in Deutschland gleichzeitig am stärksten von atypischen Beschäftigungen betroffen sind. Es stellen sich daher die Fragen, ob die Berufssituation die Familienplanung dominiert und ob die Anforderungen des Arbeitsmarktes heute konträr zu denen des Familienlebens sind. Die Unsicherheiten vieler Berufssituationen und die daraus resultierenden Folgen für die Planung einer Familiengründung beziehungsweise Familienerweiterung sollen den Kern der späteren Analyse bilden. Mit diesem Buch soll im Rahmen einer Sekundäranalyse des Generations and Gender Survey (GGS) 2005[5] empirisch untersucht werden, ob ein Zusammenhang zwischen der objektiven Berufssituation sowie deren subjektiven Einschätzung und einem Kinderwunsch besteht. Außerdem soll analysiert werden, welchen Einfluss dies auf die Planung einer Familiengründung beziehungsweise Familienerweiterung hat.

[4] Näher dazu in Kapitel 2.

[5] United Nations Economic Commission for Europe (2005): Generations & Gender Programme: Survey Instruments. New York and Geneva: United Nations.

Der Begriff der Familie und damit der Gegenstand der Familiensoziologie wird in Fachbeiträgen zum Teil kontrovers diskutiert (vgl.: Burkart 2006: 181; vgl.: Schneider 2008: 12f). Diesem Buch wird folgende Definition zugrunde gelegt: „Familie ist überall dort, wo Kinder sind" (Schneider 2008: 12). Mit Familiengründung ist demnach die Geburt von Kindern und nicht etwa die Heirat eines Paares gemeint. Die Familiensoziologie beschäftigt sich neben anderen Schwerpunkten mit den Prozessen der Familienentwicklung (ebd.: 10). Der gesellschaftliche Modernisierungs- und Individualisierungsprozess hat in Deutschland und anderen europäischen Ländern unter anderem zu einer Flexibilisierung der privaten Lebensformen und Lebensführungen geführt. Individuelle Entscheidungen haben an Bedeutung gewonnen. Zu der klassischen Standardbiografie der bürgerlichen Kernfamilie, die bis ca. 1960 vorherrschte, sind alternative Lebensformen und Lebensführungen hinzugekommen. Ehe und Elternschaft sind nicht mehr selbstverständlich und auch nicht mehr aneinander gekoppelt. Mehr Wahlmöglichkeiten sind an die Stelle von gesellschaftlich vorgegebenen Normvorstellungen getreten.[6] Diese Optionsräume werden in modernen Gesellschaften individuell modelliert, sind aber nicht uneingeschränkt. Es gilt nicht „anything goes", sondern auch heute wird die private Lebensführung von strukturellen und normativen Bedingungen eingeschränkt. Lebensformen und Lebensverläufe sind immer Ergebnis individueller Wahlhandlungen in gesellschaftlichen Strukturen, die durch Ressourcen und Restriktionen begrenzt sind. Besonderen Einfluss auf die Entstehung von Lebensformen haben heutzutage die Lebenssituationen und die Lebensphasen (Schneider/Rosenkranz/Limmer 1998: 7ff; Hradil 2004: 94; Schneider 2011: 2). Medizinische Möglichkeiten zur Verhinderung oder auch zum Abbruch einer Schwangerschaft haben Geburten in modernen Gesellschaften planbar gemacht. Dies führt aber auch dazu, dass eine Entscheidung zur Elternschaft heute komplizierter ist, als sie es früher war. Die Vor- und Nachteile, der Zeitpunkt oder auch die Rahmenbedingungen werden oft in langen Prozessen bewertet, diskutiert und gegeneinander abgewogen. Erst nachdem die ökonomische Situation geklärt und gesichert ist, ist es üblich, eine Familiengründung zu planen. In Deutschland sind die schulischen und beruflichen Ausbildungswege, verglichen mit anderen europäischen Ländern, sehr lang. Vor Abschluss einer Ausbildung ist eine geplante Elternschaft unüblich, danach besteht die Aufgabe, sich auf dem Arbeitsmarkt zu etablieren. Die ökonomische Unabhängigkeit ist für viele Frauen in modernen Gesellschaften ein hohes Gut. Außerdem ist sie, für beide Geschlechter, oft Voraussetzung für eine Familienplanung. Eine Familiengründung

[6] Diese Entwicklung ist allerdings als „Rückkehr der Normalität der Vielfalt" zu bezeichnen, denn das Vorherrschen der bürgerlichen Kernfamilie, zwischen 1955 und 1975, war aus historischer Perspektive einmalig (Schneider 2011: 2, zit. n. Trotha 1990; Hill/Kopp 2000: 737).

wird daher meist erst nach einer stabilen Eingliederung in den Arbeitsmarkt angestrebt. Das hat zur Folge, dass sich die Familiengründung auf ein späteres Lebensalter verschiebt. Das Zeitfenster, in dem eine Elternschaft realisiert werden könnte, wird somit verkleinert, da es auch durch die Fertilität begrenzt ist. Insbesondere Akademikerinnen bekommen deshalb sehr spät ihr erstes Kind oder bleiben ihr Leben lang kinderlos. Das Aufschieben der Familiengründung ist ein gesellschaftliches Problem, das sich reduzierend auf die absoluten Geburtenzahlen auswirkt (Schmitt 2007: 10; Schneider 2008.: 11ff). Zudem sind die normativen Erwartungen an die Elternrolle heute sehr hoch. Sie sind voraussetzungsreicher und anspruchsvoller als noch in den 50er Jahren. Man kann von einer „Pädagogisierung" oder „Professionalisierung" der Elternrolle sprechen, die nicht selten in Überforderung und Verunsicherung mündet. Die Leistungsorientierung und das Pflichtbewusstsein, das mit der Mutter- und Vaterrolle einhergeht, lassen sich mit den ebenfalls gestiegenen Anforderungen des Arbeitsmarktes oft nicht vereinen. Während die „neuen Väter" sich immer stärker in die Kindererziehung und die Familienarbeit einbringen wollen, stehen Frauen immer mehr vor der Aufgabe, ihr Berufsleben und das Familienleben zu vereinen. Die gesellschaftlichen Strukturen in Deutschland verhindern aber die Umsetzung des normativen Wandels. Solange Eltern nicht unterstützt werden, wenn sie versuchen, ihre beruflichen und familiären Aufgaben zu vereinbaren, kann man von einer elternunfreundlichen Gesellschaft sprechen. Das Leitbild der „verantworteten Elternschaft" beinhaltet zudem, dass man nur dann Kinder bekommt, wenn man sie sich finanziell leisten kann (Schneider 2002: 147ff; ebd. 2011: 3). Dieses Leitbild „(...) hat handlungsleitenden Charakter für das Timing von Geburten und [...] [es] bietet eine sozial akzeptierte Legitimationsgrundlage für die eigene Kinderlosigkeit" (ebd. 2002.: 150). Dies führt zu einem Widerspruch der normativen Erwartungen: je näher man den normativen Anforderungen kommt, desto höher sind die Opportunitätskosten[7] und desto unwahrscheinlicher wird daher eine Elternschaft.

Entscheidend für diese Entwicklungen war der Wandel der traditionellen Rollenmuster. Bis Mitte der 60er Jahre waren die berufliche und die familiäre Rolle klar und geschlechtsspezifisch getrennt. Die Elternschaft (nach der Heirat) war üblicher Bestandteil der meisten Biografien. Mit den Errungenschaften der Bildungsexpansion, von der vor allem Frauen profitierten, sowie der gestiegenen Erwerbsbeteiligung der potentiellen Mütter hat sich dies geändert. Gerade in Deutschland blieb der Wandel der traditionellen Rollenverteilung bisher aber auf die

---

[7] Opportunitätskosten einer Elternschaft sind indirekte Kosten, die durch entgangene Gewinne, z.B. durch den Verzicht auf Erwerbsarbeit zu Gunsten der Familie, entstehen (Huinink 2002a: 45).

berufliche Eingliederung der Frauen beschränkt. Bezüglich der familialen Rolle kann (noch) nicht von einer Gleichberechtigung gesprochen werden (Hradil 2004: 151; Schmitt 2007: 11f). Die Differenz der prozentualen Erwerbsbeteiligung zwischen den Geschlechtern schrumpft zwar, es besteht aber ein deutlicher Unterschied zwischen Frauen mit und ohne Kinder. Die Familiengründung beeinflusst die Arbeitsmarktpartizipation negativ. Mit der Familiengründung erfolgt in Deutschland immer noch recht typisch eine Re-Traditionalsierung der Geschlechterrollen (Ziefle 2009: 9ff). „Unübersehbar stellt die Gründung einer Familie damit eine Zäsur in der individuellen Lebens- und Karriereplanung von Frauen dar" (ebd.: 9). Die Erwerbstätigkeit, die Hausarbeit und die Erziehungsaufgaben führen bei vielen Müttern zu einer Mehrfachbelastung. Eine Familiengründung geht daher (unabhängig von den biologischen Gegebenheiten) mit einer besonderen Belastung für Frauen einher. Deutschlands familienpolitische Auseinandersetzung mit diesem Thema ist widersprüchlich: die Rollenteilung der Geschlechter sollen egalitärer werden, die Kinderbetreuung und die Erziehung sollen aber weiterhin in den Familien erfolgen. Diese Diskussion führt sehr schnell zu der Frage, ob Kinder politisch als öffentliche oder private Werte gesehen werden sollten. Je nach Perspektive ist die staatliche Unterstützung bei Erziehungs- und Betreuungsleistungen größer oder kleiner. Ohne diese Kontroverse weiter auszudehnen, soll gesagt werden, dass wenn Kinder die Zukunft und Sicherung sozialer Systeme bedeuten, sie keinesfalls eine reine Privatsache sein können (Schneider 2002: 148ff). Die Rollenveränderungen haben Folgen für die Geburtenentwicklung. Zum einen ist das Alter der Frauen bei der ersten Geburt höher, zum anderen sind die Kinderzahlen in Familien kleiner als früher. Außerdem bleiben viele Frauen kinderlos. Elternschaft ist zu einer biografischen Option, neben anderen, geworden. Das Zeitfenster für eine Elternschaft ist zudem umso kleiner, je später jemand beruflich integriert ist. Denn sie wird häufig mit den Erwerbsphasen abgestimmt, um die Opportunitätskosten möglichst gering zu halten (Schulze 2002: 33; Schmitt 2007: 10ff). „Der Übergang zur Elternschaft wird also gezielt in Abschnitte des Lebenslaufs platziert, in denen der Konflikt zwischen Erwerbs- und Familienrolle durch den Verlust beruflicher Optionen zwangsläufig entschärft wird, das heißt in Zeiten, in denen die Opportunitätskosten einer Elternschaft niedrig sind" (Schmitt 2007: 12).

In modernen Gesellschaften sind die Erwerbstätigkeit an sich und die berufliche Stellung im Allgemeinen wichtig, um Einkommen, Prestige, Macht, Identität, Selbstwertgefühl oder auch soziale Kontakte zu erlangen. Die berufliche Situation der Individuen ist daher eine der entscheidendsten Determinanten sozialer Ungleichheit. Gerade in Zeiten, in denen Arbeitsplätze knapp sind, gilt Erwerbstätigkeit als Privileg. Das Fehlen von Erwerbsarbeit reduziert die Lebenschancen und Handlungsspielräume, sie kann sogar in sozialer Ausgrenzung münden. Ein weiteres Problem ist, dass sich Arbeitslosigkeit selbst verstärkt. Eingetretene Arbeitslosigkeit mindert die Erwerbschancen und führt so nicht selten in Mehrfach- oder Dauerarbeitslosigkeit. Zudem gibt es eine Reihe prekärer Beschäftigungsverhältnisse, die sozusagen zwischen Arbeitslosigkeit und Erwerbstätigkeit liegen. Auch Teilzeitarbeit, sozialversicherungsfreie Beschäftigung, Leiharbeit oder befristete Arbeitsverträge sind häufig mit Nachteilen verbunden (Hradil 2001: 181ff). Neben der Berufssituation sind auch die Beschäftigungsbedingungen wichtig. Gerade die Vereinbarkeit der Erwerbsarbeit mit anderen Lebensbereichen, insbesondere der Familie, sollten dabei betrachtet werden. Die beruflichen Anforderungen müssen sich an den gesellschaftlichen Wandel anpassen. Die gestiegene Frauenerwerbstätigkeit, der höhere Anteil erwerbstätiger Mütter sowie der Abschied vom dominanten „male-breadwinner Modell" fordern neue Bedingungen am Arbeitsmarkt. Es ist ein Unterschied, ob Arbeitszeiten und -bedingungen zu Familienernährern passen sollen, deren Frauen sich zu Hause um Haushalt und Kinder kümmern, oder ob beide Eltern berufstätig sind und sich um ihre Kinder kümmern. Die Frage der Vereinbarkeit wird dadurch aufgeworfen. Auch wenn sich die Verschiebung der Arbeitsteilung bis jetzt noch meist zu Lasten der Mütter vollzieht, wollen sich die modernen Väter stärker an der häuslichen Arbeit beteiligen. Das partnerschaftliche Familienmodell ist auf dem Vormarsch und weitet somit das Vereinbarkeitsproblem auch auf Väter aus. Die Veränderungen der Geschlechterrollenteilung und die sich ebenfalls verändernden Bedingungen des Arbeitsmarktes könnten die Probleme verschärfen. Die Forderung des Berufslebens nach Flexibilität und räumlicher Mobilität ist mit dem Familienleben nur schwer zu vereinen, insbesondere dann, wenn beide Eltern betroffen sind. Auch die Arbeitszeit an sich ist ein Zeitraum, der nicht familiär genutzt werden kann. Die Betreuung von Kindern muss arrangiert werden. Generell ist bei dem partnerschaftlichen Familienmodell die Organisation und Planung der anfallenden Aufgaben sehr viel wichtiger als beim „male-breadwinner Modell", das eine klare Aufgabenteilung vorsieht. Die Unsicherheiten des deutschen Arbeitsmarktes und die oft befristeten Arbeitsverhältnisse stehen im Widerspruch zur Stabilität und Planungssicherheit, die für Kinder und das Familienleben generell wichtig sind. Zur Lösung des Vereinbarkeitsproblems gibt es zwei Strategien. Da man nicht von rückläufigen Trends der Frauenerwerbstätigkeitsquote ausgehen kann, müssen sich Eltern entweder ein gutes Betreuungsnetzwerk für ihre Kinder aufbauen, oder sie verzichten auf Kinder. Auch der Arbeitsmarkt sollte sich an diese Entwicklungen anpassen. Flexible, an das individuelle Zeitmanagement angepasste Arbeitszeiten sollten für Mütter und Väter möglich sein. Eine familienbewusste Personalpolitik ist wichtig. Und auch die Familienpolitik ist hier in der Pflicht. Kinderbetreuungsmöglichkeiten müssen ausgebaut und flexibel gestaltet werden. Bei diesen Entwicklungen, die schon mehr oder weniger im Gang sind, zeichnen sich teilweise erste Erfolge ab. Man muss aber von einer sozialen Spaltung der Arbeitnehmer sprechen. Auf der einen Seite atypisch Beschäftigte, die Schwierigkeiten haben, die Betreuung der Kinder zu gewährleisten und finanzielle Probleme haben. Und zum anderen Arbeitnehmer, die nur schwer zu ersetzen sind und daher durch familienfreundliche Unternehmenspolitik unterstützt werden (Klenner 2005: 207ff). Wichtig für alle Menschen, die gerne Kinder bekommen möchten, ist eine weitreichende Unterstützung, die aus dem Vereinbarkeitsdilemma herausführt. Staatliche Förderung, gesellschaftliche Anerkennung und ein Entgegenkommen der Arbeitgeber wären nötig. Die aktuellen Arbeitsbedingungen sind aufgrund des Flexibilisierungsprozesses gekennzeichnet durch unregelmäßige Arbeitszeiten und Mobilitätsanforderungen. Ein bedarfsgerechtes, an die Arbeitszeiten angepasstes Betreuungssystem hingegen fehlt. Eltern müssen eine Balance zwischen den Subsystemen Familie und Erwerb finden. Der Wandel vollzieht sich aber nicht nur innerhalb der Systeme, sondern auch deren Verhältnis zueinander verändert sich. So haben zum Beispiel die Lockerungen der Ladenöffnungszeiten des Einzelhandels auch Folgen für die betroffenen Familien. Solche Regelungen führen zu einer Ausweitung der Arbeitszeiten zu Lasten der Familienzeiten. Solange gesellschaftlich erwartet wird, dass das Familienleben und auch die Planung von Kindern an die beruflichen Gegebenheiten angepasst werden, erfolgt eine Unterordnung der Familie (Schneider 2002: 150f; Schier/ Szymenderski/Jurczyk 2007: 4ff; Schneider 2011: 2). Es ist zu betonen, dass die steigende Erwerbsbeteiligung und Emanzipation des weiblichen Geschlechtes nicht, wie lange angenommen wurde, zur Erklärung des Anstiegs des Erstgebärendenalters ausreichen. Die zunehmend unsichereren Arbeitsbedingungen, die sich insbesondere für Berufseinsteiger in Jugendarbeitslosigkeit, befristeten oder instabilen Beschäftigungsverhältnissen ausdrücken, sind ebenfalls als ursächlich für diese Entwicklungen zu sehen (Kreyenfeld 2008: 232).

Um die gestellten Fragen dieses Buches zu beantworten, wird zunächst in Kapitel 2 die gesellschaftliche Entwicklung des generativen Verhaltens sowie des Arbeitsmarktes beschrieben. Die Geburtenentwicklung und die daraus resultierenden Folgen sowie die aktuelle Lage stehen zunächst im Mittelpunkt. Es folgt eine Abhandlung über die Veränderungen der Arbeitsmarktsituation in Deutschland und der heutigen Situation. Anschließend wird der Stand der Forschung aufgezeigt (Kapitel 3). Empirische Untersuchungen zum Kinderwunsch und Fertilitätsverhalten sollen vorgestellt werden. Im vierten Kapitel wird das Thema dieses Buches theoretisch erarbeitet. Mit dem Mikro-Makro-Modell nach Hartmut Esser, sollen die Zusammenhänge beider Ebenen skizziert werden. Die Veränderungen des Arbeitsmarktes werden anhand der Flexibilisierungstheorie von Marc Szydlik beschrieben. Mit dem ökonomischen Entscheidungsmodell sollen die Kosten- und Nutzenkalkulation einer Elternschaftsentscheidung beschrieben werden. Als Gegenüberstellung soll zudem ein anderer Theorieansatz vorgestellt werden. Die Preference Theory von Catherine Hakim wiederspricht der ökonomischen Theorie. Im fünften Teil werden die aufgestellten Hypothesen zusammengefasst und für die empirische Überprüfung auf die Fragestellung spezifiziert. Außerdem wird das methodische Vorgehen diskutiert. Im sechsten Kapitel wird die Stichprobe beschrieben. Es folgt die Darstellung und Beschreibung der Datenauswertung der logistischen Regressionsanalysen (Kapitel 7). Eine abschließende Diskussion der Ergebnisse rundet das Buch ab und weist auf mögliche politische Implikationen hin (Kapitel 8).

2. Gesellschaftliche Entwicklungen in Deutschland

Die Globalisierungs- und Modernisierungsentwicklungen haben das Familienleben sowie das Arbeitsleben in Deutschland und anderen europäischen Ländern nachhaltig verändert. Neue Rahmenbedingungen und veränderte Handlungsmöglichkeiten prägen den Alltag der Menschen. Die Technisierung und Industriealisierung sowie die Wohlstandssteigerung und die Bildungsexpansion haben die Gesellschaft geprägt. Geringere Sterblichkeit, niedrige Geburtenraten aber auch neue Arbeitsbedingungen sind Folgen der Modernisierung (Hradil: 2004: 40). Auch der Wandel der Geschlechterrollen, die vermehrte Frauenerwerbstätigkeit und das Ansteigen des Alters bei der Familiengründung oder bei der Hochzeit sind Erscheinungen des familiendemografischen Wandels, der in allen europäischen Ländern stattgefunden hat (Kreyenfeld/Konietzka 2008: 121). Im Folgenden soll der Wandel der Geburtenentwicklung sowie die Veränderungen auf dem Arbeitsmarkt beschrieben werden. Beide Bereiche sind Bestandteil der späteren empirischen Untersuchung.

2.1 Der Wandel des generativen Verhaltens

Nur Geburten, Sterbefälle und Außenwanderungen können die Zahl und die Struktur einer Bevölkerung beeinflussen. Außenwanderungen sind die Ein- und Auswanderungen über Ländergrenzen hinweg; auf diese soll in diesem Buch allerdings nicht weiter eingegangen werden (Hradil 2004: 37). Für die Beschreibung der Geburtenentwicklung in Deutschland soll zunächst auf die altersspezifische Geburtenrate nach Kalenderjahren, auch „Total Fertility Rate (TFR)“ genannt, eingegangen werden.

EXKURS: Was beschreibt die TFR?

Es gibt verschiedene demografische Maßzahlen zur Beschreibung von Geburten. Wichtig ist es, diese auseinanderzuhalten und jeweils richtig zu interpretieren. Die Kenngrößen müssen zudem zur Fragestellung passend ausgewählt werden. Für viele demografische Fragen, zum Beispiel der Entwicklung der Anzahl der Schulkinder, sind die absoluten Geburtenzahlen ausreichend.[8] *Sie geben Auskunft über die Entwicklung der Bevölkerungszahlen, sind aber von der Altersstruktur der Bevölkerung abhängig. Mehr Menschen im geburtenfähigen Alter erhöhen die absoluten Geburtenzahlen. Um diesen Altersstruktureffekt zu umgehen, wird auf die relative Geburtenhäufigkeit zurückgegriffen. Insbesondere für den*

[8] Die Entwicklung der Mortalität und Migration spielt dabei ebenfalls eine Rolle (Luy/Pötzsch 2010: 569).

Vergleich verschiedener Zeiten oder Länder ist dies wichtig. Oft wird dafür die Total Fertility Rate (TFR) verwendet. Sie gibt nicht, wie oft behauptet, die durchschnittliche Kinderzahl pro Frau an. Sie ist ein Maß für die Beschreibung der altersspezifischen Fertilität in einem Kalenderjahr, sie stellt also eine Periodenbetrachtung dar. Berechnet wird die TFR durch die Addition der altersspezifischen Geburtenziffer der 15 bis 49-jährigen Frauen eines Kalenderjahres. Diese hypothetische Zahl soll aktuelle Fertilitätsverhältnisse abbilden, ist allerdings stark von Tempoeffekten bestimmt. Die Erhöhung des durchschnittlichen Gebäralters, wie es für Europa charakteristisch ist, führt zu einer Reduktion der TFR dieses Jahres. Die Geburtenhäufigkeit wird daher häufig unterschätzt. Um eine genauere Angabe der Geburtenentwicklung zu bekommen, ist es daher wichtig, die TFR zu „bereinigen". In der demografischen Fertilitätsforschung setzt sich die tempobereinigte TFR langsam durch, wird aber noch zu oft vernachlässigt. Wichtig für die Tempobereinigung ist die Betrachtung der Geburtenzahlen eines Jahres nach Parität. Leider ist die amtliche Erfassung der biologischen Geburtenfolge der Frauen erst seit 2009 möglich. Vor der Änderung des Bevölkerungsstatistikgesetzes 2007 wurde die Parität nur von ehelichen Geburten erfasst. Dadurch ist der Fertilitätsforschung eine Lücke entstanden. Durch verschiedene Schätzungen[9] auf der Grundlage von unterschiedlichen Datensätzen wird versucht, diese zu schließen. Sowohl die TFR als auch die tempobereinigte TFR sind Periodenmaßzahlen. Sie liefern einen Querschnittsblick auf die Fertilität eines Jahres der Frauen zwischen 15 bis 49 Jahren. Dies ist zu trennen von der Kohortenperspektive, die die Geburtenhäufigkeit eines tatsächlichen Geburtsjahrgangs angibt. Diese zusammengefasste Geburtenziffer nach Frauenkohorte gibt die Anzahl der tatsächlichen Geburten pro Frau an, die ihre Familienbildung abgeschlossen hat. Sie kann daher aber nur für Frauenjahrgänge angegeben werden, die ihre fertile Phase beendet haben. Für jüngere Jahrgänge können die tatsächlichen Geburtenzahlen nur geschätzt werden. Gerade für die politisch relevante Frage nach der Differenz zwischen gewünschter und realisierter Kinderzahl muss man auf diese Kennziffer zurückgreifen. Nur eine Kohortenbefragung zu Beginn und nach Abschluss der fertilen Phase bringt exakten Aufschluss über nicht realisierte Kinderwünsche (Luy/Pötzsch 2010: 569ff; Sobotka/Lutz 2010: 665ff).

Die Geburtenentwicklung in Deutschland ist seit Beginn des 20. Jahrhunderts, abgesehen von Schwankungen, generell rückläufig. Zu Beginn des letzten Jahrhunderts kam es zunächst zu

[9] Für das Vorgehen dieser Schätzungen vgl. Luy/Pötzsch 2010: 573ff.

einem extremen, kriegsbedingten Abfall der Geburtenhäufigkeit. Nach dem ersten Weltkrieg kam es dann zu einem Nachholeffekt. Insgesamt ist aber bis in die 30er Jahre ein fast linearer Rückgang der Geburtenrate zu verzeichnen. 1934 lag die Geburtenrate in Deutschland bei 1,8 Kindern pro Frau. Die Familienpolitik der Nationalsozialisten führte zunächst wieder zu einem Anstieg der Zahlen, doch mit dem Krieg kam es erneut zu einem Einbruch. Nachholeffekte und die positive Stimmung, verursacht durch das Wirtschaftswunder, führten nach den Kriegsjahren zum sogenannten „Baby-Boom". Die Geburtenrate stieg von 2,1 Kindern pro Frau im Jahr 1952 auf 2,5 im Jahr 1965.[10] In den darauffolgenden 10 Jahren reduzierte sich die Geburtenrate fast um die Hälfte, auf 1,4 im Jahr 1976. In Westdeutschland liegt das Geburtenniveau seitdem relativ konstant zwischen 1,3 und 1,4 Kindern pro Frau. In Ostdeutschland verlief die Geburtenentwicklung bis ca. 1975 relativ ähnlich. Erst danach kam es aufgrund der Geburtenförderung durch politische Maßnahmen (z.B.: Kinderbetreuung; bezahlte Freistellung von der Erwerbsarbeit für Mütter) in der ehemaligen DDR zu deutlichen Veränderungen. Die Geburtenrate stieg im Osten auf 1,8 Kindern pro Frau im Jahr 1980. Anschließend sank aber auch dort die Rate wieder auf Westniveau.[11] Nach der Wiedervereinigung fiel die Geburtenrate aufgrund der Unsicherheiten und Veränderungen rapide ab. 1994 lag die Geburtenrate in den neuen Bundesländern bei nur noch 0,77[*] Kindern pro Frau. Seit 1995 steigt die Geburtenrate in Ostdeutschland aber wieder. 2007 lag sie mit 1,37[*] Kindern pro Frau auf Westniveau und 2009 mit 1,4[*] sogar über dem westdeutschen Wert von 1,35[*] (Gesamtdeutschland 2009 = 1,36[*]) (Hill/Kopp 2000: 735; Hradil 2004: 48ff; DESTATIS 2011a: o.S.). Seit den 70er Jahren ist das Geburtenniveau Deutschlands eines der niedrigsten weltweit. Jede Generation ist demnach ein Drittel kleiner als ihre Elterngeneration. Da die absoluten Geburtenzahlen sinken, kommt es aufgrund der steigenden Lebenserwartung der Menschen in Deutschland zu einem Altern der Bevölkerung. Bedingt durch die Sterbezahlen, die aufgrund der Existenz vieler alter Menschen hoch sind, sinken die absoluten Bevölkerungszahlen. Eine weitere Folge der rückläufigen Geburtenzahlen ist, dass das Erwerbspersonenpotential kleiner wird. Die Anzahl der Rentner hingegen steigt kontinuierlich. Die Belastung für die Erwerbspersonen wird dadurch weiter ansteigen. Für das soziale Sicherungssystem, das auf dem Generationenprinzip aufgebaut ist, wird dies gravierende Folgen haben. Insbesondere die steigende Anzahl der Kinderlosen belastet dieses System (DESTATIS 2009: 5f; Schneider/Dorbritz 2011: 26f). Außerdem wird die zukünftige Erwerbstätigenpopulation älter sein,

---

[10] vgl.: Anhang Abbildung 11, S. 116

[11] Die staatlichen Maßnahmen scheinen eher das Vorziehen geplanter Geburten gefördert zu haben, als tatsächlich die Geburtenzahlen langfristig erhöht zu haben (Hradil 2004: 49)

* Berechnung ohne Ost- bzw. Westberlin (DESTATIS 2011a: 1).

als sie es heute ist. Der Arbeitsmarkt der Zukunft wird viele, daraus resultierende Probleme haben. Das vorhandene Erwerbspersonenpotential[12] sollte deshalb voll ausgeschöpft werden. Eine Anhebung der Erwerbsquote[13] kann neben der schon beschlossenen gesetzlichen Verlängerung der Lebensarbeitszeit, zum Beispiel auch durch die Förderung der Erwerbstätigkeit von Müttern, ermöglicht werden (Hradil 2004: 70ff). Die Änderungen der Bevölkerungsstrukturen und deren Folgen lassen sich schon heute modellhaft berechnen. So zeigt die 12. koordinierte Bevölkerungsvorausberechnung durch das Statistische Bundesamt, dass sich die Entwicklungen nicht stoppen oder umkehren lassen werden. Ein höheres Geburtenniveau und ein höheres Wanderungssaldo[14] könnte die Entwicklungen allerdings bremsen. Geburtenfördernde Maßnahmen und eine weitreichende Unterstützung für Eltern sowie eine integrierende Einwanderungspolitik sind daher wichtig. Im Großen und Ganzen aber steht Deutschland vor der Aufgabe, sich mit dem demografischen Veränderungen auseinander zu setzen und sich auf diese einzustellen (DESTATIS 2009: 39ff)

Die TFR ist zum einen beeinflussbar durch die Anzahl der Kinder pro Mutter und zum anderen durch die Anzahl der Kinderlosen. Daher ist es wichtig, auch Zahlen zu betrachten, die darüber Auskunft geben. Neben der Betrachtung der Geburtenrate lassen sich nämlich auch einige Trends des generativen Verhaltens festhalten. Als generatives Verhalten der Bevölkerung bezeichnet man alles Handeln, das sich auf die Kinderzahl auswirkt. So zum Beispiel die Empfängnisverhütung, der Zeitpunkt des ersten Kindes oder die endgültige Kinderzahl der Menschen. Wichtig ist es, neben dem Vergleich der hypothetischen Geburtenraten nach Kalenderjahr auch das Geburtenverhalten nach Kohorten zu vergleichen. Nur so zeigen sich Verhaltensänderungen bezüglich der Fertilitätsentscheidungen (Kopp 2002: 56; DESTATIS 2009: 47; Pötsch/Sommer 2009: 384). Das Timing von Geburten hat sich nach hinten verlagert. Mütter sind bei der Geburt ihres ersten Kindes heute durchschnittlich älter als früher, dieser Tempoeffekt wird bei der Betrachtung der TFR nicht sichtbar. Das Alter der Mutter bei der ersten oder auch bei weiteren Geburten ist wichtig, um Aussagen über den Familienbildungsprozess machen zu können. Das Aufschieben von Geburten auf eine spätere Lebensphase hat oft reduzierende Folgen für die endgültige Kinderzahl von Frauen und führt nicht selten auch zu lebenslanger Kinderlosigkeit. Das Alter der Frauen bei ihrer ersten Geburt lag laut der

---

[12] Die Zahl der Erwerbspersonen ergibt sich aus der Summe der Erwerbstätigen und der Erwerbslosen (Wingerter 2008: 110).

[13] Anteil der Erwerbspersonen an der Bevölkerung (Hradil 2004: 167).

[14] „Die Differenz zwischen den Zuzügen nach Deutschland und den Fortzügen ins Ausland" bezeichnet man als Wanderungssaldo (DESTATIS 2009: 47).

* Berechnung ohne Ost- bzw. Westberlin (DESTATIS 2011a: 1).

Daten des Statistischen Bundesamtes von 2006 bei der Geburtskohorte 1942-1946 (damals 60-64 Jahre) noch bei 23 Jahren. Die Geburtskohorten von 1962-1966 (damals 40-44 Jahre) und 1967-1971 (damals 35-39 Jahre) bekamen ihr erstes Kind hingegen erst mit durchschnittlich 26 Jahren. Die ostdeutschen Frauen waren dabei, im geschichtlichen Vergleich, immer jünger als die westdeutschen. Dieser Abstand wird allerdings kleiner (DESTATIS 2007: 30f; Kreyenfeld/Konietzka 2008: 123ff). Der Aufschub der Familiengründung ist wohl auch eine Folge geringerer und späterer Heiratsneigung, beide Prozesse sind auch heute noch eng miteinander verbunden. Moderne Partnerschaften sind auf Autonomie ausgerichtet und weniger auf bindende Faktoren wie Heirat oder Kinder. In Ostdeutschland sind nichteheliche Geburten hingegen üblicher. Zudem gibt es mehr öffentliche Kinderbetreuungsmöglichkeiten, und Mütter sind häufiger erwerbstätig als in Westdeutschland. Diese Punkte dürften dafür verantwortlich sein, dass sich das Erstgeburtsalter der Mütter unterscheidet (Schneider 2008: 15ff). Das generative Verhalten unterscheidet sich in West- und Ostdeutschland außerdem bezüglich der Parität. In Westdeutschland zeigt sich eine Polarisierung zwischen Kinderlosen und Familien mit mindestens zwei Kindern. In Ostdeutschland hingegen dominieren Ein-Kind- und Zwei-Kind-Familien, kinderlos sind nur wenige (Schneider/Dorbritz 2011: 30f). Die Anzahl von lebenslang kinderlosen Frauen ist allerdings in ganz Deutschland gestiegen, die Zahl der pro Frau geborenen Kinder ist zudem insgesamt gesunken. Insbesondere die Anzahl der Geburten von dritten oder weiteren Kindern nimmt kontinuierlich ab und scheint wenig attraktiv zu sein. Für die Veränderungen der Geburtenzahlen sind demnach nicht bloß Änderungen der Bevölkerungsstruktur verantwortlich, sondern eben auch Verhaltensänderungen (Hill/Kopp 2000: 736ff; Kreyenfeld/Konietzka 2008: 130). Die Verhaltensänderungen sind, so hier die theoretische Annahme, gegründet auf eine Verschiebung der Kosten-Nutzen Relation von Kindern (s.u.).

Dennoch besteht in Deutschland durchaus der Wunsch, eigene Kinder zu bekommen. Die niedrigen Geburtenraten sind oft das Ergebnis fehlender Umsetzung. Junge Menschen wünschen sich Kinder, bekommen häufig aber keine oder weniger als eigentlich gewünscht. Dennoch ist festzuhalten, dass überdies auch der Kinderwunsch in Deutschland rückläufig ist. Natürlich sagen Angaben über eine gewünschte Kinderzahl wenig über deren tatsächliche Realisierung aus, es zeigen sich aber Tendenzen, die vergleichbar sind. Die gewünschte Kinderzahl berechnet sich aus der Summe der vorhandenen und noch gewünschten Kinderzahl. Diese lag, bei den befragten Frauen im Alter zwischen 20 und 39 im Jahr 1988 bei durch-

schnittlich 2,15[15] Kindern. Im Jahr 2005 lag der Wert nur noch bei 1,75 Kindern pro Frau. Damit ist Deutschland europaweites Schlusslicht. Der Wunsch nach lebenslanger Kinderlosigkeit ist zudem gestiegen. 15 Prozent der Frauen und sogar 23 Prozent der Männer wünschten sich 2003, nie Kinder zu bekommen. In Westdeutschland ist diese Tendenz zudem größer als in Ostdeutschland. Auch der tatsächliche Anteil kinderloser Frauen ist in Deutschland sehr hoch. Im Jahr 2005 war jede fünfte Frau des Geburtenjahrgangs 1955 (also im Alter von 50) kinderlos. Das ist europäischer Spitzenwert. Insbesondere Frauen mit Hochschulreife und Akademikerinnen sind überproportional häufig kinderlos. Das heißt allerdings trotzdem, dass die meisten Deutschen sich Familien mit Kindern wünschen und dies auch umsetzen. Der Trend geht dabei aber eindeutig zu kleineren Familien. Mehr als zwei Kinder wünschen sich nur wenige (Höhn/Ette/Ruckdeschel 2006: 16ff; Rupp/Blossfeld 2008: 156). Zum generativen Verhalten von Männern lässt sich sagen, dass sie durchschnittlich seltener und weniger Kinder haben. Auch der Kinderwunsch von Männern ist im Vergleich zu dem der Frauen in allen Altersgruppen kleiner (Eckhard/Klein 2006: 36; Ruckdeschel/Naderi 2009: 2).
Interessant sind aber vor allem die Faktoren, die dazu führen, dass vorhandene Kinderwünsche nicht realisiert werden. Neben fehlender Partnerschaft, biologischen Gegebenheiten und anderen, individuellen Problemen sind strukturelle Faktoren entscheidend. Gerade unsichere Zukunftsaussichten, insbesondere beruflicher Art, sind diesbezüglich ausschlaggebend und stehen daher im Mittelpunkt dieses Buches.

2.2 Die Entwicklungen des Arbeitsmarktes

Die Entwicklungen des deutschen Arbeitsmarktes im 20. Jahrhundert kann man in drei Phasen einteilen: Mit der Gründung der Bundesrepublik erstreckt sich die erste Phase vom Wiederaufbau des Landes bis zum „Wirtschaftswunder" Ende der 50er Jahre. Aufgrund struktureller Schwierigkeiten war die Erwerbslosigkeit in den frühen 50er Jahren noch recht hoch.[16] Die steigende Nachfrage nach Erwerbsarbeit ging dem schwachen Wirtschaftswachstum voraus. Erst der gestiegene wirtschaftliche Aufschwung erhöhte dann auch die Nachfrage nach Arbeitskräften. Diese Entwicklung führte zur Vollbeschäftigung in Deutschland. Die Erwerbslosenquote, also der Anteil der Erwerbslosen an den Erwerbspersonen, war in dieser

[15] Wert nur für Westdeutschland (Höhn/Ette/Ruckdeschel 2006: 16).
[16] Erwerbslos sind alle Menschen, zwischen 15 und 74 Jahren, die nicht erwerbstätig sind aber aktiv nach einer Tätigkeit suchen und diese innerhalb von zwei Wochen aufnehmen könnten. Dies entspricht der Definition der Internationalen Arbeitsorganisation (ILO). Die Agentur für Arbeit muss dabei nicht eingeschaltet sein. Arbeitslose sind hingegen alle amtlich registrierten Personen, auch die die nicht arbeiten möchten. Die Zahl variiert daher mit den Sozialgesetzen (Wingerter 2008: 110).

zweiten Phase sehr gering. Nur die Konjunktur- und Strukturkrise der Jahre 1966 und 1967 bildeten eine kurze Ausnahme. Sonst bestand sogar eine Situation des Arbeitskräftemangels, da zum einen die Nachfrage nach Arbeitskräften stieg und zum anderen das Arbeitskräftepotential niedrig war. Aufgrund der länger werdenden Ausbildungszeiten, der kürzer werdenden Arbeitszeiten und insbesondere auch weil die jungen Erwerbstätigen aus den schwachen Geburtsjahrgängen des zweiten Weltkrieges zu beziehen waren, standen vergleichsweise wenige Arbeitskräfte zur Verfügung. Die Erwerbssicherheit war zu dieser Zeit sehr hoch. Es wurde versucht, die Mitarbeiter langfristig an die Unternehmen zu binden, ein stabiles Vollzeitarbeitsverhältnis war Standard. Durch das Anwerben von „Gastarbeitern" zwischen 1961 und 1973 wurde dem Arbeitskräftemangel entgegengewirkt. Circa 2 Millionen ausländische Arbeitnehmer sind deshalb bis zum Anwerbestopp 1973 nach Deutschland eingereist. Aufgrund mehrerer Rezessionen seit Mitte der 70er Jahre wurden immer weiter Arbeitsplätze abgebaut. Auch wenn in Phasen wirtschaftlicher Erholung wieder vermehrt Arbeitnehmer eingestellt wurden, konnten diese den Abbau nicht ausgleichen. Es kam daher zu einem treppenförmigen Anstieg der Erwerbs- und Arbeitslosigkeit. Zudem nahm die Stabilität der Beschäftigungsverhältnisse ab. Obwohl die Anzahl der Arbeitsplätze seit den 70er Jahren angestiegen ist, ist auch die Erwerbslosenquote gestiegen. Zu einer deutlichen Zunahme der Erwerbslosenzahlen kam es zum einen zwischen 1991 und 1997; in diesen Jahren stieg die Erwerbslosenquote von 5,3 auf 9,2 Prozent. Nach einer kurzen Erholung stieg der Anteil zwischen 2000 und 2005 erneut von 7,4 auf 10,6 Prozent. Dieser Trend erklärt sich hauptsächlich aus dem steigenden Anteil weiblicher Arbeitnehmer. Der Umbruch in Ostdeutschland, insbesondere die Umstellung von der Planwirtschaft zur Marktwirtschaft nach dem Mauerfall, wirkt sich ebenfalls bis heute negativ auf die Arbeitsplatzsituation aus. Die Stellung auf dem Arbeitsmarkt und auch die Chance zur Erwerbsbeteiligung an sich sind zudem nicht gleichverteilt; neben der Branche sind sie auch abhängig vom Geschlecht, dem Alter, der Region und natürlich dem Bildungsstand (Hradil 2001: 188ff; Buchholz/Blossfeld 2009: 124ff; Wingerter 2008: 111ff). Die Erwerbslosenquote ist mittlerweile wieder rückläufig; im Jahr 2010 betrug sie 7,1 Prozent. Die Zahl der Erwerbstätigen hingegen ist gestiegen. 1997 waren es 37,39 Millionen und 2010 schon 40,37 Millionen (DESTATIS o.J.: 1; ebd. 2008: 5). Vergleicht man Daten zur Arbeitsmarktlage auf europäischer Ebene, so zeigt sich, dass Deutschland relativ gut dasteht. Die Arbeitslosenquote liegt unter dem Durchschnitt der 17 Länder des Euroraums[17], der bei 10

[17] „Zum Euroraum (ER17) gehören: Belgien, Deutschland, Estland, Irland, Griechenland, Spanien, Frankreich, Italien, Zypern, Luxemburg, Malta, die Niederlande, Österreich, Portugal, Slowenien, die Slowakei und Finnland" (Eurostat 2011: 2).

Prozent im Juli 2011 lag. Berechnet wird die Quote auf europäischer Ebene, wie die Erwerbslosenquote für Deutschland nach der Definition der Internationalen Arbeitsorganisation (s.o.). In Spanien ist die Quote mit 21,2 Prozent am höchsten, in Österreich mit 3,7 Prozent am niedrigsten, und Deutschland liegt mit 6,1 im untersten Viertel (Eurostat 2011: 1f).

Trotz der positiven Tendenzen ist diese Entwicklung des deutschen Arbeitsmarktes auch kritisch zu reflektieren. Im Rahmen der zunehmenden Globalisierung hat sich auch der Beschäftigungscharakter gewandelt. Weniger Stabilität und mehr Flexibilität sind Eigenschaften vieler Arbeitsverhältnisse. Immer mehr Menschen, die einen Vollzeitarbeitsplatz suchen, werden auf atypische Arbeitsverhältnisse oder Qualifikationsmaßnahmen verwiesen. Man kann von einer Strukturverschiebung sprechen, die Flexibilisierung des Arbeitsmarktes fordert neue Beschäftigungsformen. Als Normalarbeitsverhältnis bezeichnet man unbefristete Beschäftigungsverhältnisse mit Anschluss an das soziale Sicherungssystem (Kranken-, Arbeitslosen und Rentenversicherung), das eine Vollzeittätigkeit von mindestens 21 Wochenstunden beinhaltet und vertraglich direkt an das Unternehmen gebunden ist. Atypische Beschäftigungsverhältnisse hingegen sind solche, bei denen mindestens eines der Kriterien fehlt. Die frühere Dominanz der Normalarbeitsverhältnisse verliert mehr und mehr an Bedeutung. Das Statistische Bundesamt zählt vier Beschäftigungsformen zu den atypisch Beschäftigten: Teilzeiterwerbstätige, die weniger als 21 Stunden arbeiten, geringfügig Beschäftigte im Sinne der sozialgesetzlichen Definition, die keine Kranken- und Arbeitslosenversicherung haben, befristet Beschäftigte und Leiharbeiter; die letztgenannten haben keinen Arbeitsvertrag mit dem Unternehmen, für das sie arbeiten. Ziel dieser Einordnung ist es, Beschäftigungsverhältnisse des Arbeitsmarktes zu charakterisieren, ohne eine Wertung vorzunehmen. Denn ob ein Beschäftigungsverhältnis auch prekär ist, hängt von der konkreten Situation ab. Neben den Arbeitnehmern gibt es auch noch die sehr heterogene Gruppe der Selbstständigen, diese werden oft unterteilt in solche mit und ohne Angestellte. Außerdem gibt es noch die Gruppe der mithelfenden Familienangehörigen (DESTATIS 2008: 5f; Wingerter 2009: 1081ff). Im Vergleich zum Jahr 2008 zeigt sich 2010 ein Anstieg der atypischen Beschäftigung um 1,5 Prozent. Für Normalarbeitsverträge hingegen lag der Zuwachs bei nur 0,6 Prozent. Insbesondere die Leiharbeit und die befristeten Verträge nehmen zu. Unternehmen nutzen diese Formen der Anstellungen um flexibel auf wirtschaftliche Veränderungen reagieren zu können (DESTATIS 2011b: o.S). Der Anteil der befristet Beschäftigten an allen abhängig Beschäftigten ist von

1991 bis 2003 um nur ein Prozent[18] gestiegen. Dies überdeckt allerdings den zeitgleichen Zuwachs von 11 Prozent bei den 15 bis 29-jährigen. Fast die Hälfte aller neuen Arbeitsverhältnisse beginnt heutzutage mit einer vertraglichen Befristung. Gerade für Berufseinsteiger haben also befristete Verträge an Bedeutung gewonnen. Die Altersgruppe der 15 bis 19-jährigen ist mit 35 Prozent am stärksten davon betroffen (vgl.: Abbildung 1), gefolgt von den 20 bis 24-jährigen mit 24 Prozent und den 25 bis 29-jährigen mit 15 Prozent. Erst ab dem Alter von 30 bis 34 fällt die Befristungsquote unter 10 Prozent. Die älteren Altersgruppen sind mit 4 Prozent im Alter von 45 bis 59 deutlich seltener befristet angestellt (DESTATIS 2004: 42).

Abbildung 1: Befristet abhängig Beschäftigte im Mai 2003 nach Altersgruppen in Prozent (ausgehend von allen abhängig Beschäftigten der jeweiligen Altersgruppe in Deutschland)

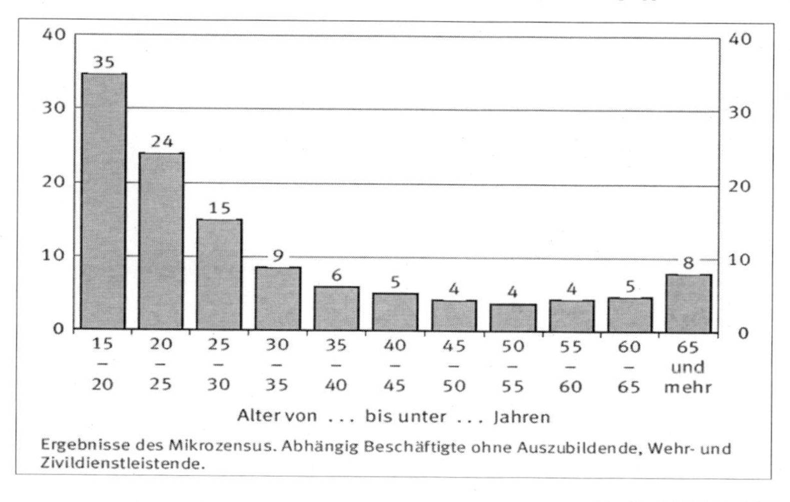

(Quelle: DESTATIS 2004: 42)

Befristete Verträge sind für manche Berufseinsteiger als „Sprungbrett" zu sehen; andere hingegen, insbesondere ungelernte, haben dadurch unstetige Berufsverläufe. Ost- und Westdeutschland unterscheiden sich ebenfalls diesbezüglich. In den alten Bundesländern liegt der Anteil bei 7 Prozent, in den neuen Bundesländern hingegen bei 11 Prozent. Auch in Abhängigkeit von der Branche und der Nationalität unterscheiden sich die Befristungsquoten erheblich. Zwischen den Geschlechtern besteht nur ein leichter Unterschied zu Ungunsten der Frauen (9,5% zu 8,4%). Die individuelle und auch finanzielle Planungssicherheit wird durch befristete Arbeitsverträge erheblich eingeschränkt. Auch die Wahrscheinlichkeit von Betriebs- und/oder Berufswechsel ist dadurch erhöht. Es zeigt sich ein deutliches Ungleichgewicht und

[18] Daten: Mikrozensus 2003; ohne Auszubildende und Wehr- bzw. Zivildienstleistende (DESTATIS 2004: 42).

eine Benachteiligung der jüngeren Menschen. Gerade diese Gruppe bildet aber auch die Gruppe der potentiellen Eltern.[19] Ob oder welchen Einfluss unsichere Berufssituationen auf die Familienplanung haben, soll in diesem Buch empirisch untersucht werden. Auch der Anteil der Leiharbeiter ist gestiegen. 1996 waren nur 0,6 Prozent der Erwerbstätigen in Leiharbeit beschäftigt, 2010 immerhin schon 2,9 Prozent (DESTATIS 2004: 42f; Gundert/ Hohendanner 2011: 2). In dieser Form der atypischen Beschäftigung sind häufiger Männer als Frauen vertreten. Leiharbeiter sind in ihrer Zahl nicht groß, dennoch ist ihre soziale Absicherung und ihre Vergütung schlecht und nicht branchenüblich. Auch Teilzeiterwerbstätigkeit wird ein immer häufigeres Beschäftigungsverhältnis in Deutschland. Insbesondere Frauen, gerade verheiratete oder geschiedene, arbeiten häufig in Teilzeit. Der Geschlechterunterschied ist mit 30,2 zu 4,1 Prozent im Jahr 2007 sehr groß. Hauptursache des Anstiegs der Frauenerwerbstätigkeit in den alten Bundesländern ist der gestiegene Anteil der Teilzeiterwerbstätigen. In Westdeutschland ist ein solches Arbeitsverhältnis bei Müttern typisch. Es gilt als Möglichkeit, Beruf und Familie zu kombinieren. In Ostdeutschland hingegen würden viele Teilzeitbeschäftigte gerne mehr arbeiten. Zum einen erfordert es die finanzielle Situation, zum anderen ist es den ostdeutschen Frauen durch die gut ausgebaute Kinderbetreuung eher möglich, ganztags zu arbeiten. Die Vollerwerbstätigkeit der Mütter hat in Ostdeutschland aufgrund der politischen Einflüsse der DDR außerdem eine lange Tradition und ist gesellschaftlich anerkannter als in Westdeutschland. Unfreiwillige Teilzeitarbeit kann als prekäre Berufssituation bewertet werden. Sie stellt zudem ungenutztes Arbeitskräftepotential dar. Eine weitere, allerdings stark heterogene Gruppe bilden die geringfügig Beschäftigten. In dieser Gruppe befinden sich Studenten, Hausfrauen, Rentner oder auch Arbeitslose. Auch die Anzahl dieser Gruppe hat sich vergrößert. Zwei Drittel der geringfügig Beschäftigten waren im Jahr 2003 Frauen. Davon wiederum waren 74 Prozent verheiratet. Diese Form der Beschäftigung wird oft als Zuverdienstmöglichkeit gesehen. Hier ist vor allem bei dem Andauern eines solchen Beschäftigungsverhältnisses von einer prekären Situation zu sprechen. Die Absicherung gegen Arbeitsrisiken ist nur schwach oder gar nicht vorhanden (Hradil 2001: 193ff; DESTATIS 2008: 15ff; ebd. 2011b: 44). Atypische Beschäftigungsverhältnisse gehen nicht selten einher mit den Gefahren niedrigerer Löhne, erhöhtem Armutsrisiko, höherer Arbeitslosigkeitswahrscheinlichkeit und weniger Weiterbildungsmöglichkeiten. Zum anderen wirkt sich die Planungsunsicherheit auf das individuelle Wohlbefinden negativ aus. Die objektiven Rahmenbedingungen

---

[19] Die im GGS 2005 befragten, kinderlosen Frauen im Alter von 40 bis 49-jährigen wollen zu 96 Prozent keine Kinder mehr bekommen. Daraus lässt sich schließen, dass die meisten Frauen bis zu ihrem 40. Lebensjahr ihren Kinderwunsch erfüllen, oder ganz auf Kinder verzichten (Höhn/Ette/Ruckdeschel 2006: 20).

haben Einfluss auf die subjektiven Empfindungen. Insbesondere das gesellschaftliche Integrationsgefühl wird davon negativ beeinflusst (Wingerter 2008: 111; Gundert/ Hohendanner 2011: 1). „Die subjektive Wahrnehmung sozialer Exklusion hat [zudem] konkrete Folgen für die Gesundheit und das Handeln von Menschen, die wiederum Konsequenzen für die Gesellschaft als Ganzes nach sich ziehen“ (Gundert/Hohendanner 2011: 1).

Seit 1974 ist die Erwerbs- und Arbeitslosigkeit in Deutschland sehr hoch und dominiert die mediale Berichtserstattung. Aktuelle Probleme des deutschen Arbeitsmarktes sind zum einen die Prekarisierung und die Marginalisierung von Anstellungsverhältnissen sowie andererseits die Abwanderung qualifizierter Personen und die Angst vor einem Fachkräftemangel. Erwerbsarbeit hat sowohl für die Gesellschaft als auch für die Individuen an sich einen hohen Stellenwert. Das Steuersystem, das Sozialversicherungssystem oder auch der Wohlstand einer Gesellschaft sind von der Erwerbsbeteiligung der Bevölkerung abhängig. Massenarbeitslosigkeit führt zudem zu einer erhöhten Unzufriedenheit, zu Konflikten, zu öffentlichen Kosten und sozialstrukturellen Gruppenbildungen in der Gesellschaft. Auf individueller Ebene sichert die Erwerbsarbeit sowohl den Lebensunterhalt als auch den Status und beeinflusst das Selbstbewusstsein einer Person. Erwerbs- und Arbeitslosigkeit mündet daher nicht selten in geringe finanzielle Möglichkeiten, psychische und physische Gesundheitsbeschwerden sowie zu sozialer Ausgrenzung und Stigmatisierung. Das Selbstwertgefühl der Betroffenen ist häufig niedrig, und das Zeitgefühl fehlt ihnen oftmals. Die Randständigkeit und Perspektivlosigkeit vieler Langzeitarbeitslosen zeigt sich sogar in einer erhöhten Selbstmordrate. Die berufliche Situation der Individuen ist daher eine der entscheidendsten Determinanten sozialer Ungleichheit. Gerade in Zeiten, in denen Arbeitsplätze knapp sind, gilt Erwerbstätigkeit als Privileg. Zu den Risikogruppen des deutschen Arbeitsmarktes können jüngere und ältere Menschen, ostdeutsche Frauen, insbesondere Alleinerziehende, sowie gesundheitlich eingeschränkte Personen gezählt werden. Zudem gibt es Unterschiede zwischen den Berufsgruppen, dem Grad der Qualifikation, der Bundesländer und der Nationalität. Massenarbeitslosigkeit ist allerdings nicht „nur“ das Schicksal der Betroffenen selbst, es hat Folgen für das Bewusstsein aller Menschen. Die Wahrnehmung der Berufstätigen und derer, die berufstätig sein wollen, ist davon beeinflusst. Erwerbsverläufe und -biografien werden davon geprägt (Hradil 2001: 181ff). „Berufliche Entscheidungen werden unter den Bedingungen der Massenarbeitslosigkeit objektiv und subjektiv zu riskanten Entscheidungen“ (ebd.: 210f). Atypische Beschäftigungsverhältnisse, regionale oder berufliche Mobilität sowie neue Arbeitszeitformen sind Ausdruck dieser schwierigen Arbeitsmarktsituation. Mit der zunehmenden Gleichstellung der

Geschlechter hat die Erwerbstätigkeit auch bei Frauen einen hohen Stellenwert eingenommen. Die Erwerbsarbeit ist für viele Menschen dominierender Teil des Alltags. Ein stabiles Normalarbeitsverhältnis ist zudem wichtig für die soziale Absicherung, gesellschaftliche Teilhabe und soziale Anerkennung von Menschen. Auch die Arbeitslosenunterstützung und der Anteil der Altersrente sind vom individuellen Beschäftigungsverhältnis abhängig. Die steigende Arbeitslosigkeit in den 80er Jahren sowie die vermehrte Unsicherheit aufgrund der Globalisierung haben den Arbeitsmarkt verändert. Unsichere und instabile Beschäftigungsverhältnisse haben an Bedeutung gewonnen (Wingerter 2008: 109; Buchholz/Blossfeld 2009: 123f). Allgemeine Entwicklungen des Arbeitsmarktes in Deutschland sind die steigenden Zahlen weiblicher Arbeitnehmer sowie die sinkenden Erwerbsquoten der unter 30-jährigen. Diese befinden sich immer länger in der Ausbildungsphase und treten entsprechend später in den Arbeitsmarkt ein. Kontinuierliche Normalarbeitsverhältnisse sind bei der heutigen Arbeitsmarktsituation nicht mehr selbstverständlich. Arbeitsplatzwechsel, Mobilität, Umschulungen oder Erwerbslosigkeit sind Erfahrungen vieler Arbeitnehmer geworden (Janzen 2010: 27). Die gestiegene Unsicherheit wirkt sich auf viele Bereiche, so auch die Familienplanung, der Menschen aus. Dies wird in der empirische Untersuchung von Interesse sein.

3. Der Stand der Forschung

Vor dem Hintergrund der anhaltend niedrigen Geburtenzahlen in Deutschland und der daraus resultierenden Schwierigkeiten stellt sich die Frage nach den Ursachen dieses Trends. Nur mit diesem Wissen kann versucht werden, das generative Verhalten politisch zu beeinflussen. Ein Anstieg der Geburtenhäufigkeit könnte die demografischen Entwicklungen abmildern (Schneider/Dorbritz 2011: 26f). Bisherige Studien konzentrierten sich auf soziodemografische Determinanten der Fertilität sowie der Kinderlosigkeit oder des Kinderwunsches. Einige Aspekte sollen im Folgenden vorgestellt werden. Anschließend soll auf die Bedeutung der Berufssituationen für Fertilitätsentscheidungen eingegangen werden.

3.1 Die Determinanten der Kinderlosigkeit und der Fertilität

Das Bundesinstitut für Bevölkerungsforschung (BIB) geht davon aus, dass ungewollte Kinderlosigkeit ein seltenes Phänomen darstellt. Vielmehr sind es die Bedingungen, die dazu führen, dass sich immer mehr Menschen gegen eine Familiengründung entscheiden. Es werden zwei soziale Milieus der Kinderlosigkeit unterschieden. Einerseits das Karrieremilieu, das sich aufgrund der schlechten Vereinbarungsbedingungen von Kindern und Karriere gegen eine Familiengründung entscheidet; insbesondere hochqualifizierte Frauen sind dazu zu zählen. Ein anderes Milieu ist das der konkurrierenden Optionen, in dem Menschen mit relativ niedrigem Einkommen zu finden sind. Aufgrund der hohen Kosten von Kindern entscheiden sich diese gegen eine Familiengründung und gegen die Einschränkung ihres Lebensstandards (ebd. 2004: 27). Auch Katharina Becker geht davon aus, dass der Trend der Kinderlosigkeit sehr wahrscheinlich zunehmen wird. Sie beschäftigt sich mit dem Kinderwunsch und der Kinderlosigkeit von Männern. Wie bereits erwähnt, wünschen sich Männer seltener Kinder als Frauen. Becker untersucht zwei Altersklassen: die 25- bis 27-jährigen und die 35- bis 37-jährigen, beide Gruppen befinden sich in der für die Familienplanung relevanten Phase. Die Daten des Deutschen Beziehungs- und Familienentwicklungspanels (pairfam) von 2008 wurden zur Analyse herangezogen. Diese seit 2008 jährlich stattfindende Befragung stellt Familien- und Partnerschaftsentwicklung von über 12.000 Probanden[20] in den Mittelpunkt. Eingegrenzt wurde die Stichprobe von Becker neben dem Geschlecht und dem Alter auf heterosexuelle Männer in Partnerschaften, die selber und deren Partnerin fruchtbar sind. Bei der jüngeren Kohorte zeigt sich kein Hang zur Kinderlosigkeit. Nur 4,9 Prozent wollen keine

[20] die im Jahr 2008 15 bis 17, 25 bis 27 oder 35 bis 37 Jahre alt waren (Becker2011: 2).

Kinder bekommen. Bei den 35 bis 37-jährigen sind es hingegen 24,8 Prozent, die kinderlos bleiben wollen. Doch bei der Befragung zeigt sich zudem das Ideal der Zwei-Kind-Familie. 64 Prozent der 25 bis 27-jährigen und 47,4 Prozent der 35 bis 37-jährigen wünschen sich diese Lebensform. Die Bereitschaft zur Vaterschaft scheint daher grundsätzlich da zu sein, die Umsetzung allerdings fehlt häufig (ebd. 2011: 2ff). Generell ist es wichtig, bei dem Versuch, eine Antwort auf die Frage der Ursachen für das niedrige Geburtenverhalten zu finden, den Fokus nicht nur auf die Frauen zu legen. Gerade im Hinblick auf den Zusammenhang von Bildung und Elternschaft unterscheiden sich die Geschlechter. Bezüglich des Kinderwunsches lassen sich sozialstrukturelle Effekte feststellen. So weisen Jan Eckhard und Thomas Klein darauf hin, dass ein positiver Bildungseffekt bei den über 25-jährigen Männern besteht. Bei Frauen hingegen ist dieser negativ. Auch bei Männern verzögert ein langer Ausbildungsweg allerdings die Familiengründung. Bezüglich der finanziellen und beruflichen Situation zeigt sich diese geschlechtsspezifische Wirkung. Arbeitslosigkeit oder befristete Beschäftigungsverhältnisse wirken sich bei Männern reduzierend auf die Wahrscheinlichkeit der Geburt eines ersten Kindes aus. Bei Frauen hingegen ist dieser Effekt nicht gegeben. Der Wunsch nach Familienerweiterung steigt wiederum bei beiden Geschlechtern mit der Bildung. (ebd. 2006: 47ff). Die Daten des GGS zeigen zudem einen U-förmigen Zusammenhang der Kinderzahlen nach Bildung: Väter mit mittlerem Bindungsabschluss haben häufig zwei Kinder, Väter mit niedrigem oder hohem Abschluss meist mehr (Ruckdeschel/Naderi 2009: 4ff).

Thomas Klein betont außerdem die paarbezogene Perspektive von Familienentscheidungen. Seiner Meinung nach ist es wichtig, das generative Handeln in der Zeitperspektive unter dem Aspekt von Paarentwicklungsprozessen zu beschreiben. Die Partnerwahl, Trennungen, neue Partnerwahl sowie die Entwicklung einer Partnerschaft sind bedeutend für Fertilitätsentscheidungen und werden in Lebenslaufanalysen von anderen Aspekten überlagert. Zur Analyse bedient er sich des Familiensurveys 2000. Dieser von dem Deutschen Jugendinstitut e.V. durchgeführte Survey beinhaltet 10.093 Interviews. 2.002 davon wurden schon 1988 und 1994 befragt, dies waren also Wiederholungsbefragungen. Anhand der Daten von 7.273 Befragten mit Westbiografie[21] zeigt Klein, dass die Familiengründungsbereitschaft in Partnerschaften keineswegs kleiner geworden ist. Die Existenz und Dauerhaftigkeit von Partnerschaften allerding ist insgesamt zurückgegangen. Für die Familienplanung bietet häufig der Partner die zentrale Rahmenbedingung und muss daher auch in der Analyse generativen Verhaltens Beachtung finden. So ist zum Beispiel der Beginn des Entscheidungsprozesses nicht

[21] alle Befragten die mindestens seit ihrem 15. Lebensjahr in Westdeutschland leben (Klein 2003: 508).

mit der Fruchtbarkeit sondern mit einer Partnerschaft gleichzusetzen. Das Ende von Fertilitätsüberlegungen ist im Allgemeinen an das Fortbestehen einer Partnerschaft gebunden. Aufgrund der Zunahme von nichtehelichen oder getrennt lebenden Lebensgemeinschaften ist es zudem wichtig, die Analysen unabhängig von einem Haushaltskontext oder der Ehe durchzuführen. Betrachtet man den Zeitpunkt der Familiengründung im Hinblick auf die Partnerschaftsdauer, so zeigt sich, dass sich dieser nach hinten verschoben hat. Frauen der Geburtskohorte 1933-1939 hatten nach vier Jahren Partnerschaft zu 40 Prozent eine Familie geründet, Frauen der Kohorte 1960-1969 erst zu 25 Prozent. Betrachtet man allerdings die Bereitschaft zur Familiengründung innerhalb der Partnerschaften, zeigt sich keine Veränderung. Auch Kinderlosigkeit ist diesbezüglich kein häufiger werdendes Phänomen. Unabhängig von einem gemeinsamen Haushalt oder dem Familienstand zeigt sich eine hohe, nicht rückläufige Bereitschaft zur Familiengründung in Partnerschaften. Die Unterschiede der Kohortenfertilität, die aus Lebenslaufanalysen bekannt sind, erklären sich durch die zunehmende Instabilität von Partnerschaften. Insbesondere die steigende Zahl Kinderloser ist mit dem Partnermarkt, der Partnersuche, Heiratsmarktengpässen und geringerer Beziehungsstabilität zu erklären. Auch der Abstand zwischen zwei Geburten ist von der Partnerschaft geprägt. So ist der Abstand zur Geburt des zweiten Kindes durchschnittlich gestiegen. Unterscheidet man allerdings zwischen „individual spacing“ und „familiy spacing“, zeigt sich, dass letzteres kürzer ist. Der Fortbestand einer Partnerschaft beschleunigt zum einen den Geburtenabstand und erhöht zum anderen die Wahrscheinlichkeit eines zweiten Kindes. Trennungen hingegen verzögern den Abstand, und die Wahrscheinlichkeit wird kleiner. Interessanterweise zeigt sich beim dritten und vierten Kind ein genau umgekehrter Trend (ebd. 2003: 506ff). „Die Geburt eines dritten Kindes profitiert nicht vom Fortbestand der Partnerschaft, sondern von der Trennung“ (ebd.: 517). Während die Zwei-Kind-Familie in Westdeutschland als klassisches Modell gilt, fördern neue Partnerschaften weitere Kinder. Daraus folgt, dass die zunehmende Instabilität von Partnerschaften nicht nur die Familiengründung bremst, sondern auch größere Familien fördert. Dies trägt zu einer Polarisierung der Entwicklungen bei (ebd.: 517).

Gerrit Bauer und Marita Jacob untersuchen Fertilitätsentscheidungen ebenfalls im Partnerschaftskontext. Sie konzentrieren ihre Analyse auf den Einfluss des allgemeinen und beruflichen Bildungsniveaus und der Bildungskonstellationen von Paaren auf die Wahrscheinlichkeit einer Elternschaft. Datengrundlage bilden die neun Mikrozensen der Erhebungsjahre 1996 bis 2004. Der Mikrozensus ist eine repräsentative Haushaltsbefragung, die seit 1957 jährlich von den Statistischen Ämtern durchgeführt wird. Circa 830.000 Personen in 370.000 privaten Haushalten geben der amtlichen Statistik unter anderem Auskunft über ihre Erwerbstätigkeit und ihre private Lebensführung. Seit 1968 werden auch Personen aus den anderen europäischen Staaten befragt. Bauer und Jacob konzentrieren ihre Analyse auf insgesamt 95.291 Paarbeziehungen (Ehen und nichteheliche Lebensgemeinschaften). Ein traditionelles Bildungsgefälle der beruflichen Qualifikation in Partnerschaften wirkt sich, so die Autoren, auf eine Familiengründung positiv aus; zudem werden auch bildungshomogame Paare häufiger Eltern als hypergame Paare.[22] Das Bildungsniveau spielt also eine entscheidende Rolle bei der Fertilitätsentscheidung, zudem ist die Richtung des Bildungsgefälles ausschlaghebend. Allgemein wirkt sich ein steigendes Bildungsniveau bei Frauen in Deutschland negativ auf die Wahrscheinlichkeit einer Mutterschaft aus. Die Übergangsrate zur Vaterschaft hingegen steigt mit der Formalbildung (ebd. 2010: 31ff; Statistische Ämter des Bundes und der Länder 2010: 5ff).

Neben wirtschaftlichen und infrastrukturellen Problemen weisen Norbert F. Schneider und Jürgen Dorbritz ausdrücklich auf den sozialen und kulturellen Wandel der Familie hin. Die Bedeutung von Kindern in der Gesellschaft hat sich verändert. Sie werden nicht mehr als Arbeitskraft oder Altersvorsorge benötigt. Ein allgemeiner Trend des Geburtenverhaltens in Europa ist, dass das Geburtenniveau höher ist, wenn es viele nichteheliche Geburten gibt. Dies deutet auf die zunehmende Entkopplung von Ehe und Elternschaft hin. Der Drang zur individuellen Entfaltung in modernen Gesellschaften steht für viele im Wiederspruch zur Ehe; die Eheschließungen sind weniger geworden. Man kann allgemein sagen, dass die Deinstitutionalisierung der Ehe auf die Geburtenzahlen erhöhend wirkt. Dabei zeigen sich allerdings normative Differenzen zwischen verschiedenen Ländern und auch zwischen West- und Ostdeutschland. In Westdeutschland war der Anteil nichtehelicher Geburten bei fast 25 Prozent, während er in Ostdeutschland bei knapp 60 Prozent lag. In den Daten des Mikrozensus 2008 zeigt sich zudem ein Unterschied bei der sozialen Akzeptanz dieser Lebensform. Unverheiratete Frauen sind in Westdeutschland zur Hälfte kinderlos, während es in Ostdeutschland nur jede fünfte ist. Verheiratete haben wiederum in Westdeutschland durchschnittlich mehr Kinder als in Ostdeutschland. In den neuen Bundesländern ist die Verteilung insgesamt homogener. Der Modus liegt bei einem Kind pro Frau, daneben sind auch Zwei-Kind-Familien verbreitet. Kinderlos sind hingegen wenige, aber auch mehr als zwei Kinder kommen selten vor. Dazu ist in Westdeutschland die Verteilung der Kinderzahlen heterogener. Es gibt viele Kinderlose, aber auch viele Frauen mit mehr als einem Kind. Verheiratete Frauen sind in West-

[22] Bei hypogamen Paaren ist die Frau formal höher gebildet als der Mann, umgekehrt sind es traditionelle, hyergame Paare, haben beide Partner das gleiche Bildungsniveau bezeichnet man sie als bildungshomogam (Bauer/Jacob 2010: 33).

deutschland selten kinderlos, sie haben meist zwei oder mehr Kinder. Ost- West- Unterschiede in den Fertilitätsmustern zeigen sich gerade beim Vergleich der Erwerbssituation in der Paarperspektive (vgl. Tabelle 1).

Tabelle 1: Frauen nach der Kinderzahl in paarspezifischen Erwerbskombinationen in den Geburtsjahrgängen 1964 bis 1968 in West- und Ostdeutschland (in Prozent)

Erwerbsform		Kinderzahl			
Männer	Frauen	0	1	2	3+
		Westdeutschland			
Vollzeit	Vollzeit	46,6	22,0	23,4	8,0
Teilzeit	Vollzeit	26,7	28,8	33,3	11,2
Nicht erwerbstätig	Vollzeit	34,8	25,9	27,4	11,9
Vollzeit	Teilzeit	5,6	25,4	51,5	17,4
Vollzeit	Nicht erwerbstätig	5,0	18,6	48,1	28,3
		Ostdeutschland			
Vollzeit	Vollzeit	8,3	41,5	43,5	6,7
Teilzeit	Vollzeit	10,4	41,2	34,6	13,7
Nicht erwerbstätig	Vollzeit	9,2	38,9	44,6	7,2
Vollzeit	Teilzeit	3,1	34,2	48,6	14,1
Vollzeit	Nicht erwerbstätig	5,6	30,1	44,5	19,9

Quelle: Statistisches Bundesamt, Mikrozensus 2008, eigene Berechnung.

(Quelle: Schneider/Dorbritz 2011: 32).

Sind westdeutsche Frauen vollzeiterwerbstätig, sind sie sehr häufig auch kinderlos. Gerade wenn beide Partner Vollzeit arbeiten, liegt der Anteil der Kinderlosen bei 46,6 Prozent. In Ostdeutschland zeigt sich mit einem Anteil von 8,3 Prozent ein deutlich anderes Bild, auch die anderen Daten zeigen eine geringere Kinderlosigkeit. Bei traditionellen Konstellationen, wenn der Mann Vollzeit arbeitet und die Frau nicht oder Teilzeit, ist der Anteil von zwei oder mehr Kindern in Westdeutschland sehr hoch. In Ostdeutschland dominiert bei solchen Erwerbskonstellationen ebenfalls die Zwei-Kind-Familie; aber auch der Anteil der Einzelkinder ist in allen Kombinationen sehr hoch. Es scheint, dass das Vereinbarungsproblem in Ostdeutschland durch die Beschränkung auf ein oder zwei Kind(er) gelöst wird. Das höhere Betreuungsangebot wirkt dabei unterstützend. In Westdeutschland zeigen sich hingegen deutliche Unterschiede der Handlungsmuster in Abhängigkeit von der Erwerbssituation. Frauen müssen sich wohl zwischen Beruf ohne Kinder und der traditionellen Hausfrauenehe mit zwei oder mehr Kindern entscheiden. Ein Anstieg der Geburtenzahlen in Deutschland kann nur erwartet werden, wenn der Zusammenhang von Kinderlosigkeit und Erwerbstätigkeit in Westdeutschland und die Müttererwerbstätigkeit mit nur einem Kind in Ostdeutschland auf-

gehoben werden kann. Beide Trends wirken auf die gesamtdeutsche Geburtenrate reduzierend. Ursächlich für diese Unterschiede des generativen Verhaltens innerhalb von Deutschland sind verschiedene Einstellungen und Leitbilder zur Elternschaft. West- und Ostdeutschland unterscheiden sich in der allgemeinen Einstellung zur außerhäuslichen Kinderbetreuung. Während diese in Ostdeutschland normal und gesellschaftlich anerkannt ist, wird die Fremdbetreuung von Kleinkindern in Westdeutschland oft als schädlich für das Kind gesehen; nur „Rabenmütter" nutzen außerhäusliche Betreuungen. Ein weiterer West-Ost Unterschied zeigt sich in der Akzeptanz egalitärer Geschlechterrollenbilder. Auch wenn die Bewertung allgemein positiv ausfällt, ist in Westdeutschland das traditionelle Rollenbild noch verbreiteter als in Ostdeutschland. Zusammenfassend ist zu sagen, dass die Befürwortung der Vereinbarkeit von Familie und Beruf sowie der außerhäuslichen Kinderbetreuung und die Akzeptanz egalitärer Geschlechterrollen in Ostdeutschland größer sind. Dies führt zu Unterschieden bei der Kinderlosigkeit und den Paritäten in West- und Ostdeutschland (ebd. 2011: 27ff).
Es ist keine neue Erkenntnis, dass die Übergangsrate zum ersten Kind bei erwerbstätigen Frauen geringer ist als die der nichterwerbstätigen Frauen. Jette Schröder und Josef Brüderle gehen anhand der Daten des Familiensurveys von 2000 aber der Frage nach, ob dieser Zusammenhang tatsächlich, wie meist angenommen, kausal ist. Sie weisen darauf hin, dass der statistische Zusammenhang durchaus auch Ergebnis einer Selbstselektion sein kann. Besonders familienorientierte Frauen beenden vielleicht schon vor einer Schwangerschaft ihre Erwerbstätigkeit. Mit zwei indirekten Kausalitätstests (Kausalfaktor: Erwerbstätigkeit bzw. Familienorientierung) überprüfen die Autoren den Zusammenhang. Die zugrundeliegende Frage lautet also: Sind Entscheidungen zur Erwerbsbeteiligung von Fertilitätsentscheidungen abhängig oder unabhängig? 3.022 deutsche, persönlich Befragte zwischen 18 und 55 Jahren, die ihre fertile Phase in Westdeutschland verbracht haben, bilden die Stichprobe der Analyse. Verglichen wurden Vollzeit sowie Teilzeit arbeitende und nicht erwerbstätige Frauen.[23] Die Analyse bestätigt, dass die Übergangsrate zum ersten Kind bei erwerbstätigen Frauen geringer ist als bei nicht erwerbstätigen. Es zeigt sich aber, dass die antizipierte Fertilität zur Erklärung stärker beiträgt als die aktuelle Erwerbstätigkeit. Zwei Effekte sind hierbei ausschlaggebend. Zum einen haben Frauen, die aus der Erwerbstätigkeit in die Nichterwerbstätigkeit wechseln, die höchste Übergangsrate zur Mutterschaft. Zum anderen ist diese bei Frauen, die in die Erwerbstätigkeit wechseln am niedrigsten (ebd. 2008: 117ff). „Nicht die Erwerbstätigkeit bestimmt die Fertilität, sondern Frauen entscheiden sich aufgrund ihrer Einstellungen und Rest-

[23] Die auch nicht arbeitslos oder in Ausbildung sind oder noch zur Schule gehen (Schröder/Brüderl 2008: 125).

riktionen für oder gegen ein Kind. Diese Fertilitätsentscheidungen beeinflussen dann die Erwerbsbeteiligung" (ebd.: 133). Insbesondere bei langfristigen Planungen der Berufskarriere ist dies entscheidend. Die Opportunitätskosten spielen bei Fertilitätsentscheidungen aber dennoch eine große Rolle. Die Vielzahl an Vorzügen eines kinderlosen Lebens, mit denen das Kinderkriegen heute konkurrieren muss, wird von den Autoren verantwortlich gemacht für den Geburtenrückgang (ebd.: 133).

3.2 Der berufliche Einfluss auf die Familienentwicklung

Karin Kurz, Nikolei Steinhage und Katrin Golsch analysieren anhand der ersten 15 Wellen (1984 bis 1998) des deutschen Sozio-ökonomische Panels (SOEP), welchen Einfluss die Berufssituation auf das Eingehen langfristiger Verpflichtungen hat. Das SOEP ist eine repräsentative Wiederholungsbefragung deutscher Haushalte, das seit 1984 jährlich durchgeführt wird (in Ostdeutschland seit 1990). Das Sample beinhaltete zu Beginn ungefähr 6.000 Haushalten beziehungsweise 12.000 individuell Befragte und bietet eine detaillierte, retrospektive und prospektive Informationsgrundlage zum Thema Arbeitsmarkt und Haushalte. Auftraggeber der Befragung privater Haushalte und Personen zu den Schwerpunkten Beschäftigung, soziale Sicherung und Demographie ist das Institut für Wirtschaftsforschung (DIW). Deutsche, Ausländer und Zuwanderer, die in Deutschland wohnen, sind Gegenstand der Befragung. Die Erfassung der gesamten Geburtsbiografie der Befragten ist dank einer Zusatzstichprobe seit 2000 möglich. Viele andere Befragungen (z.B. der Mikrozensus) beschränken sich nur auf den Haushaltskontext (ebd. 2005: 61; Schmitt 2005: 20; Brose 2008: 37). Kurz, Steinhage und Golsch stellten die Frage, ob unsichere Arbeitsplatzsituationen Auswirkungen auf die erste Heirat und die erste Elternschaft haben. Für ihre Analyse verwenden die Autoren die Samples von den Westdeutschen, von den Ausländern und von den Ostdeutschen. Um die letzten beiden Samples mit dem der Westdeutschen vergleichen zu können, wurden sie entsprechend ihrer Verhältnisse gewichtet. Die Analyse bezieht sich auf die Berufseinsteiger, die in den Jahren 1984 bis 1997 die Schullaufbahn, Berufsausbildung oder Hochschulbildung abgeschlossen haben und eine Teilzeit- oder Vollzeiterwerbstätigkeit anstreben. Außerdem wurde die Untersuchungsgruppe auf Individuen begrenzt, die innerhalb von fünf Jahren nach ihrer Ausbildung eine Stelle finden und nicht älter als 35 Jahre sind. Die Wissenschaftler unterscheiden drei Arbeitsmarktphasen hinsichtlich der Schwierigkeiten. Vom Beginn bis zum Ende der 80er Jahre war eine Phase, in der die Erwerbslosenquoten stiegen. Anschließend erholte sich die Situation. In den 90er Jahren war die Erwerbslosigkeit, gerade auch der jungen Menschen, gering. Mit der dritten Phase, ab 1993, stiegen die Zahlen allerdings erneut. Insbesondere junge Menschen und Ostdeutsche (speziell Frauen) bekamen dies zu spüren. Für die 90er Jahre wurde außerdem festgehalten, dass die Wahrscheinlichkeit befristeter Arbeitsverträge, aber auch der Erwerbslosigkeit in Ostdeutschland, höher ist. Für die Analyse wurden drei Kohorten von Berufseinsteigern analysiert: 1985-1989, 1990-1993 und 1994-1998. Vier Aspekte stehen im Vordergrund: die Art des ersten Arbeitsvertrages; das Risiko, erwerbslos zu werden sowie der Übergang zur Heirat und dem ersten Kind. Zunächst wurde der Einfluss verschiedener Faktoren auf die Art des Arbeitsvertrags und die Wahrscheinlichkeit von Erwerbslosigkeit im Rahmen logistischer Regressionen betrachtet. Generell zeigt sich, dass der Berufseinstieg zwischen 1990 und 1993 seltener mit befristeten Verträgen einherging als in den Phasen 1985 bis 1990 und 1994 bis 1998. Günstigere Arbeitsmarktbedingungen scheinen sich also in der Häufigkeit befristeter Einstellungen widerzuspiegeln. Vergleicht man die Geschlechter mit gleicher Arbeitsstelle, Branche und der gleichen Arbeitszeiten miteinander, so zeigt sich, dass Frauen seltener unbefristete Arbeitsverträge erhalten als Männer. Personen ohne Ausbildung und Nichtqualifizierte erhalten beim Berufseinstieg ebenfalls häufiger befristete Verträge als die mit beruflicher Ausbildung. Hochschulabsolventen bekommen häufig befristete Verträge zu Beginn ihrer beruflichen Laufbahn. Arbeitnehmer in Teilzeit sind mehr als zweimal so häufig befristet angestellt wie Vollzeit-Arbeitnehmer. Berufseinsteiger in Teilzeit sind daher finanziell und bezüglich der Berufsstabilität benachteiligt, wobei diese Gruppe allerdings auch recht klein ist. Außerdem unterscheidet sich auch der öffentliche Dienst von der privaten Branche, in letzterer sind unbefristete Verträge für Berufseinsteiger häufiger. Erstaunlicherweise findet sich kein Zusammenhang zwischen den Berufseintrittskohorten und dem Risiko, erwerbslos zu werden. Die Erwerbslosigkeitswahrscheinlichkeit ist bei Migranten und bei Ostdeutschen höher als bei Westdeutschen. Dies zeigt sich auch unter der Kontrolle des Qualifikationsniveaus. Zudem haben befristet Angestellte ein höheres Risiko, erwerbslos zu werden. Dies zeigt neben der zeitlichen auch eine ökonomisch höhere Unsicherheit im Vergleich zu fest angestellten Arbeitnehmern. Fehlende Schul- oder Berufsbildung erhöht das Erwerbslosigkeitsrisiko deutlich. Bildung hingegen mindert das Risiko. Vollzeit und Teilzeit Beschäftigte und auch der private und der öffentliche Sektor unterscheiden sich diesbezüglich nicht. Betrachtet man den Einfluss der Erwerbstätigensituation auf die Familienplanung, so zeigt sich, dass Frauen in Ausbildung nicht zu einer Familiengründung neigen. Der Einfluss der Vertragsart von Frauen auf die Übergangsrate zum ersten Kind ist nicht messbar. Nur bei selbständigen Frauen ist die Übergangswahrscheinlichkeit geringer, was vermutlich an der hohen Zeitinvestition liegt. Dies bestätigt die Hypothese, dass dies die existierenden Rollenverteilungen der Geschlechter die Bedeutung der Art des Arbeitsvertrages aufhebt. Hochschulabsolventinnen bekommen aufgrund der Ausbildungslänge zwar später ihr erstes Kind, allerdings vom Zeitpunkt des Berufseintritts aus gesehen schneller als weniger Ausgebildete. Unterschiede zwischen einem privaten und einem öffentlichen Arbeitgeber lassen sich nicht feststellen. Bei Männern ist der Einfluss der Erwerbssituation stärker. Erwerbslosigkeit und die Ausbildungszeit wirken sich eindeutig negativ auf die Wahrscheinlichkeit einer Elternschaft aus. Ein Unterschied zwischen befristeten und festen Arbeitsverträgen lässt sich diesbezüglich nicht bestätigen. Dieser Unsicherheitsfaktor spiegelt sich hier also nicht wider. Die Autoren betonen allerdings, dass dies der Ursache geschuldet sein kann, dass der Teil der Stichprobe der befristeten Arbeitnehmer sehr heterogen ist. Sie unterscheiden sich bezüglich ihres Humankapitals, ihrer Schichtzugehörigkeit und ihrer beruflichen Perspektive. Dies könnte den Einfluss überdecken. Ob der befristete Vertag aufgrund der Qualifikation eine dauerhafte Situation darstellt oder nur den Berufseintritt, lässt sich mit den SOEP nicht herausstellen. Zwischen Vollzeit und Teilzeit Erwerbstätigen lassen sich ebenfalls keine statistischen Unterschiede feststellen. Männer, die im öffentlichen Dienst tätig sind, haben eine höhere Übergangswahrscheinlichkeit zum ersten Kind als Männer in privaten Betrieben. Der öffentliche Sektor scheint mehr Sicherheit auszustrahlen und Perspektiven zu bieten. Ein Alterseffekt auf die Familiengründung lässt sich interessanterweise nicht feststellen, entscheidend ist die Zeit nach dem Berufseintritt (ebd. 2005: 52ff).

Auch Alexandra Düntgen und Martin Diewald analysieren Daten des SOEP. Ihre Grundgesamtheit bilden kinderlose Frauen und Männer aus ganz Deutschland, die eine erste Ausbildung oder Studium abgeschlossen haben oder keine Ausbildung vorweisen können. Beginn des Beobachtungsfensters ist somit der Einstieg in das Erwerbsleben, da dann die Wahrscheinlichkeit einer Familiengründung erhöht ist. Für ihre Ereignisanalyse werten sie die Daten der Wellen von 1984 bis 2003 aus. Ziel war es, Auswirkungen flexibilisierter Erwerbsarbeit und Arbeitsbedingungen auf die Familiengründung herauszustellen. Für die Männer zeigt sich, dass höheres Einkommen und Vollzeitbeschäftigung sich positiv auf die Wahrscheinlichkeit eines ersten Kindes auswirkt. Geringes Einkommen, andauernde Arbeitslosigkeit, Selbstständigkeit oder Teilzeitbeschäftigung wirken sich geburtenhemmend aus. Für befristete Arbeitsplätze, Einkommensverbesserungen oder Einkommensverschlechterungen (um mehr als 10% im Vergleich zum Vorjahr) lassen sich aber auch hier keine Effekte festhalten. Wenn eine Partnerin vorhanden ist, zeigt sich aber, dass ein stetiger Einkommensverlauf ohne „Karrieresprünge" einen positiven Einfluss auf eine erste Vaterschaft hat. Negativ hingegen wirken sich Unregelmäßigkeiten durch häufige Arbeitsplatzwechsel oder Erwartungsunsicherheit aufgrund unstetiger Karriereverläufe aus. Für Frauen zeigt sich ein anderes Bild. Steigendes Einkommen wirkt sich bei Frauen, im Gegenteil zu den Männern, negativ auf die Wahrscheinlichkeit einer Elternschaft aus. Teilzeitarbeit, Arbeitslosigkeit, eine noch nicht abgeschlossene Ausbildung oder auch Einkommensveränderungen (in beiden Richtungen) reduzieren ebenfalls die Wahrscheinlichkeit einer Mutterschaft. Ein Gewöhnungseffekt der De-standardisierungserfahrungen auf dem Arbeitsmarkt, der sich positiv auf die Wahrscheinlichkeit eine Elternschaft der jüngeren Arbeitsmarkteintrittskohorte auswirkt, kann für beide Geschlechter nicht festgestellt werden (ebd. 2008: 216ff).

Nicole Brose analysiert ebenfalls das SOEP. Sie stellt die Frage, welchen Einfluss Einkommen und ökonomische Unsicherheit auf das Fertilitätsverhalten in Partnerschaften hat. 6.141 westdeutsche Frauen zwischen 16 und 45 Jahren, die zum Zeitpunkt der ersten Befragung kinderlos waren, bilden den Ausgangspunkt. In den untersuchten Panels 1985 bis 2005 gründeten 1.222 Frauen eine Familie. 760 Frauen bekamen ein zweites Kind im Beobachtungszeitpunkt. Die Daten der Partner, die vom SOEP nur bei gemeinsamer Haushaltsführung erhoben werden, wurden ebenfalls im ereignisanalytischen Modell analysiert. Einkommen und Einkommenssicherheit des Mannes fördern die Familiengründung, während ökonomisch anhaltende Rückschläge beim männlichen Einkommen hemmend wirken. Brose interpretiert daher Ressourcen als geburtenförderndes Sozialkapital. Ein negativer Effekt geht zudem bei beiden Geschlechtern von anhaltenden Unsicherheitserfahrungen am Arbeitsmarkt aus (ebd. 2008: 30). Dies legt die Hypothese nahe, „(...) dass Frauen auf Ausgrenzungs- und Unsicherheitserfahrungen nicht mit dem Rückzug vom Arbeitsmarkt reagieren" (ebd.: 30). Die berufliche Etablierung ist Broses Meinung nach für beide Geschlechter Voraussetzung einer Familiengründung. Die klassische Hausfrauenrolle wird nicht favorisiert, eine berufliche Sicherheit ist für die Familiengründung entscheidend. Demnach besteht ein negativer Zusammenhang zwischen langfristigen beruflichen Unsicherheiten und der Familiengründung beider Geschlechter. Die Familiengründung ist von Unsicherheiten wie Arbeitslosigkeit oder befristeter Anstellung stärker abhängig als die Familienerweiterung. Interessant ist zudem auch die Feststellung, dass individuelle Unsicherheitserfahrungen deutlicher Fertilitätsentscheidungen negativ beeinflussen als allgemeine Erfahrungen am Arbeitsmarkt. Die Arbeitslosigkeitsquote an sich zeigt, unter Kontrolle des Partnerschaftstatus, im Untersuchungszeitraum keine direkte Wirkung auf Fertilitätsentscheidungen (ebd.: 30ff).

Außerdem versucht Michaela Kreyenfeld mit den Daten des SOEP´s objektive und auch subjektive Unsicherheitsfaktoren zu erfassen, die für den verbreiteten Aufschub von Elternschaft in Deutschland führen. Die Längsschnittdatensätze von 1984 bis 2006 bieten Informationen bezüglich Arbeitslosigkeit (=objektive Unsicherheit) und berufliches Sicherheitsgefühl (=subjektive Unsicherheit) der Befragten und deren Einfluss auf Elternschaft. Während gut ausgebildete Frauen ihren Kinderwunsch bei beruflichen Unsicherheiten aufschieben, nutzen gering ausgebildete Frauen gerade diese Situationen, um Kinder zu bekommen. Der Aufschub der Geburt des ersten Kindes ist einer der bedeuteten demografischen Entwicklungen in den westlichen Industrienationen, die die Geburtenrate nachhaltig reduziert. Die weibliche Erwerbsbeteiligung wird als ursächlich für diesen Trend gesehen. Gerade Arbeitslosigkeit, befristete und instabile Arbeitsverträge sowie die Unsicherheiten bezüglich der Zukunft führen zu diesem Aufschub. Kreyenfeld geht der Frage nach, ob die Berufstätigkeit von Frauen eine Barriere oder eine Voraussetzung für Mutterschaft darstellt. Sie vermutet sozio-ökonomische Unterschiede in der Reaktion auf berufliche Unsicherheit. Anhand von drei Modellen werden Regressionsanalysen durchgeführt: die erste betrachtet den Beschäftigungsstatus, die zweite die Beurteilung der beruflichen Situation, und die dritte kombiniert beide Angaben. Mit dem Ausbildungsniveau steigt die Wahrscheinlichkeit einer ersten Geburt. Dies ist allerding der Tatsache geschuldet, dass Frauen, die lange im Ausbildungssystem verbringen, anschließend einen Nachholeffekt vorweisen. Frauen bekommen während ihrer Ausbildung generell selten ihr erstes Kind. Frauen aber, die nicht am Arbeitsmarkt teilnehmen, haben eine 51 Prozent höhere Wahrscheinlichkeit, ihr erstes Kind zu bekommen, als erwerbstätige. Arbeitslose und erwerbstätige Frauen unterscheiden sich hingegen nicht signifikant. Dies widerspricht der Hypothese, dass berufstätige Frauen häufiger ein Kind bekommen als Frauen in unsicheren Positionen. Ein weiteres, unerwartetes Ergebnis ist, dass die subjektive Beurteilung der beruflichen Situation keinen Einfluss auf die Eintrittswahrscheinlichkeit eines ersten Kindes hat. Betrachtet man die Eintrittswahrscheinlichkeit getrennt nach Bildungsabschluss, fällt auf, dass Frauen ohne Abschluss und die mit Berufsabschluss am ehesten Kinder bekommen, wenn sie nicht am Arbeitsmarkt teilnehmen. Während Frauen mit Universitätsabschluss die höchste Übergangswahrscheinlichkeit haben, wenn sie berufstätig und mit ihrer Situation zufrieden sind. Eine unsichere berufliche Lage wirkt sich demnach in Abhängigkeit vom Ausbildungsniveau unterschiedlich aus. Frauen mit niedrigerem Bildungsstand entziehen sich der Unsicherheit, indem sie Kinder bekommen, Frauen mit höherem Bildungsstand schieben hingegen ihre Familienplanung auf. Für die befristeten im Vergleich zu den unbefristeten Arbeitsverhältnissen zeigen sich keine Unterschiede zwischen den Bildungsgruppen. Befristete Beschäftigungsverhältnisse hemmen die Zahlen der Erstgeburten für alle Frauen. Bei Kreyenfelds Analyse bleiben allerdings die Faktoren des Partners, Kohorten- oder Periodeneffekte unberücksichtigt (ebd. 2008: 238ff; ebd. 2010: 351ff).

Zusammen mit Dirk Konietzka hat Michaela Kreyenfeld anhand der Daten der Mikrozensen 1976 bis 2004 zudem die Arbeitsmarktbeteiligung von Frauen in Westdeutschland untersucht. Im Mittelpunkt steht die steigende Ungleichheit zwischen Vollzeit, Teilzeit und marginal beschäftigten Frauen. Während die Zahl weiblicher Arbeitnehmerinnen seit 1960 stetig steigt, fällt auf, dass dies mit einer Reduzierung der Vollzeitarbeitsplätze einherging. Gerade Mütter arbeiten häufig in Teilzeit oder marginaler Beschäftigung. Diese Gruppe der berufstätigen Mütter unterscheidet sich, so die Forscher, nach ihrer Ausbildungsqualifikation. Konietzka und Kreyenfeld erweitern somit die Ergebnisse von Schneider und Dorbritz (s.o.). Eine Minderheit gut ausgebildeter Mütter arbeitet Vollzeit und lebt nach dem „dual-breadwinner Modell", der größere Teil weniger ausgebildeter Mütter arbeitet Teilzeit und lebt nach dem „male-breadwinner Modell". Das deutsche Steuersystem reduziert, aufgrund der Steuervorteile für Ehepaare mit großem Einkommensunterschied, die Berufsambitionen vieler zusätzlich. Eine freie Wahlmöglichkeit zwischen Arbeit und Familie wird zwar politisch postuliert, kann empirisch aber nicht bestätigt werden. Die soziale Ungleichheit zwischen Familien steigt in Westdeutschland (ebd. 2010: 260ff). „(...) female full-time employment is a more central indicator for gender equality than merely labour force participation" (ebd.: 261). Es kann vermutet werden, dass daher Fertilitätsentscheidungen im Hinblick auf die berufliche Zukunft erschwert werden.

Norbert F. Schneider betrachtet etwas spezieller die Auswirkungen von beruflichen Mobilitätsanforderungen auf das Familienleben. In einer globalisierten Gesellschaft gehören Mobilität und Mobilsein oft zum modernen Berufsleben. Schneider analysiert in diesem Zusammenhang die negativen Begleiterscheinungen für die Betroffenen, deren Partner und Kinder. Konzentriert wird sich im Folgenden auf die Ergebnisse zu den Auswirkungen auf die Familienentwicklung. Zum Arbeitsplatzwechsel werden heute viele gedrängt, insbesondere jene, die in befristeten oder instabilen Arbeitsverhältnissen beschäftigt sind. Gerade die räumliche Mobilität ist dabei ein häufiger gewordenes Phänomen. Berufliche Mobilität wird zudem politisch gefördert und gefordert, um dem Arbeitskräftemangel und der Arbeitslosigkeit entgegenzuwirken. Analysiert werden die Daten von 1.095 standardisierten und leitfadenunterstützten Interviews der Studie „Berufsmobilität und Lebensform", die mit mobilen und nicht mobilen Personen und deren Partner durchgeführt wurden. Grundgesamtheit der Untersuchung sind 20 bis 59-jährige, die im Jahr 2000 in einer Partnerschaft leben und beruflich bedingt mobil oder in Ausbildung sind. Die Interviewten werden in fünf Typen mobiler Lebensformen unterschieden: Die „Fernbeziehungen" haben zwei getrennte Haushalte; „Wochenendpendler" haben an ihrem Arbeitsort einen Zweitwohnsitz und sind am Wochenende im Familienhaushalt.

Personen, die täglich für ihren Arbeitsweg mindestens zwei Stunden benötigen, werden als „Fernpendler" bezeichnet. Paare oder Familien, die ihren Hauptwohnsitz wegen der Arbeit verlagern, sind „Umzugsmobile". Und „Varimobile" sind Personen mit häufig wechselnden Arbeitsorten, an denen sie vorübergehend untergebracht sind, während sie vom Hauptwohnsitz fern bleiben. „Auslandsmobile", die im Ausland leben und „Jobnomaden", die ständig wechselnde Arbeitsorte ohne festen Wohnsitz haben, werden nicht in die Analyse einbezogen. Als Vergleichsgruppen dienen „Ortsfeste", die noch nie mobil waren und „Rejectors", die zu Gunsten der Familie und teilwiese zu Ungunsten der beruflichen Karriere nicht mobil wurden. Die Daten belegen eindeutig, so Schneider, einen Zusammenhang von Mobilität und Familienentwicklung. Bei fast jeder zweiten mobilen Lebensform wird die Familienentwicklung verzögert oder gar unterlassen. Je früher jemand mobil ist desto intensiver sind die Auswirkungen. Bei Frauen ist der Einfluss der Mobilität auf die Familienentwicklung mit 69 Prozent zudem deutlich stärker als bei den Männern (42%). Auch der Anteil der Kinderlosen unterscheidet sich geschlechtsspezifisch: 62 Prozent der mobilen Frauen, aber nur 27 Prozent der Männer haben keine Kinder. Unterschiede nach mobiler Lebensform zeigen sich diesbezüglich nur bei den Frauen, insbesondere Wochenendpendlerinnen und Varimobile sind mit 75 Prozent häufig kinderlos. Keine großen Geschlechterunterschiede lassen sich für die zukünftige Familienplanung feststellen, 68 Prozent der Mobilen machen diese von ihrer beruflichen Entwicklung abhängig. Bei den Nicht-Mobilen sind es hingegen nur 31 Prozent (ebd. 2005: 110ff).

Ein sehr umfangreiches Forschungsprojekt ist die GLOBALIFE-Untersuchung, die 1999 bis 2006 von der VolkswagenStiftung finanziert wurde. In diesem Rahmen werden die Auswirkungen des weltweiten Globalisierungsprozesses auf individuelle Lebensverläufe untersucht. In einer international vergleichenden Längsschnittanalyse waren in vier Forschungsphasen 71 Sozialforscher damit beschäftigt, die 17 OECD-Länder zu vergleichen. Der bisherige Forschungsstand zum Thema Globalisierung war bis dato auf die Makroebene beschränkt. Ziel der Analyse ist es daher, auch die Mikroebene zu betrachten. Den Veränderungen bei Übergängen im Lebenslauf und deren länderspezifischen Unterschieden gilt das Hauptinteresse. In den vier Forschungsphasen werden verschiedene Übergänge in Lebens- und Erwerbsverläufen analysiert. Die erste Phase untersucht den Übergang vom Jugendalter in das Erwachsenenalter, bei dem auch die Etablierung am Arbeitsmarkt stattfindet und deren Auswirkungen auf das Fertilitätsverhalten. Die Phasen zwei und drei konzentrieren sich auf die Übergänge im Erwerbsverlauf für Männer und für Frauen. Die vierte Phase betrachtet den Eintritt in den

Ruhestand. Bezüglich der globalisierungsbedingten Veränderungen im Lebenslauf kann man Jugendliche und junge Erwachsene als Verlierer der Globalisierung bezeichnen. Die Forscher gehen der Frage nach, wie Menschen dieser Altersgruppe den Berufseinstieg vollziehen und ob die verstärkte Unsicherheit bei der Etablierung auf dem Arbeitsmarkt Auswirkungen auf deren familiäre Entscheidungen hat. Die Schwierigkeiten des Arbeitsmarktes drücken sich vor allem in der Zunahme atypischer Beschäftigungsformen aus. Da jungen Menschen die Berufserfahrung sowie eine stabile Betriebszugehörigkeit fehlen, gelten sie als Außenseiter des Arbeitsmarktes. Im Ländervergleich stellte sich Wohlfahrtsstaats- und Beschäftigungsregime als ausschlaggebend für die Wirkung der Veränderungen heraus. Für Deutschland kann man von einem „Insider-Outsider-Markt" sprechen; Arbeitslosigkeit und befristete Anstellungen sind Reaktionen aus der geforderten Flexibilität des Marktes. In anderen Ländern steigen prekäre Selbstständigkeiten oder sinkt das Einkommen. In allen Ländern aber stellt Bildung einen entscheidenden Faktor dar. Gering qualifizierte Berufseinsteiger betreffen die Unsicherheiten des Arbeitsmarktes am stärksten. Die Erfahrungen der Erwerbsunsicherheiten haben Auswirkungen auf familiäre Entscheidungsprozesse. Die ökonomische und zeitliche Ungewissheit führt dazu, dass junge Menschen das Eingehen einer Partnerschaft oder eine Familiengründung aufschieben oder sogar unterlassen (Blossfeld et al. 2007: 667ff). „Auf gesellschaftlicher Ebene entsteht dadurch ein Dilemma, denn einerseits werden verbesserte Bedingungen für betriebliche Flexibilität im Sinne höherer Wettbewerbsfähigkeit weithin als wünschenswert angesehen, andererseits aber auch steigende Geburtenraten" (ebd.: 673). Blossfeld et al. benennen vier Anpassungsstrategien junger Menschen: 1. langfristig bindende Entscheidungen werden aufgeschoben, der Übergang ins Erwachsenenleben verläuft oft ungeregelt. 2. Jugendliche verbleiben länger im Bildungssystem, um den Problemen der Erwerbstätigkeit aus dem Weg zu gehen. 3. Flexible Formen von Partnerschaften ohne langfristiges Festlegen, zum Beispiel nichteheliche Lebensgemeinschaften, werden beliebter. 4. Werden geschlechtsspezifische Strategien entwickelt. Männer, die wirtschaftlich nicht in der Lage sind, eine Familie zu ernähren, unterlassen eine Familiengründung, während Frauen ohne berufliche Perspektive Halt in der Mutterrolle suchen. Hochqualifizierte Frauen wiederum machen eine Familiengründung im Allgemeinen davon abhängig, ob sie Familie und Beruf vereinbaren können. Dies bestätigt die Ergebnisse von Kreyenfeld (s.o.). Gerade in traditionell familienorientierten Gesellschaften wie Deutschland sinkt aufgrund der beruflichen Unsicherheiten junger Männer und der Vereinbarkeitsproblematik qualifizierter Frauen daher die Geburtenrate. In den osteuropäischen Ländern erklärt sich die niedrige Geburtenrate ebenfalls durch die Unsicherheit, die nach dem Ende des Sozialismus stark angestiegen ist. In den skandinavischen

Ländern mit aktiver Beschäftigungspolitik und einem ausgebauten Kinderbetreuungssystem hingegen werden mehr Kinder geboren. Der Verzicht auf Kinder kann als rationale Reaktion auf die wirtschaftlichen und sozialen strukturellen Entwicklungen interpretiert werden. Eine Familiengründung setzt ein Mindestmaß wirtschaftlicher und sozialer Zukunftssicherheit voraus. Das Globalisierungskonzept ist daher, so die Autoren, gut geeignet, die Differenz zwischen Kinderwunsch und Geburtenzahlen zu erklären. Dabei gilt es zu betonen, dass nicht das absolute, sondern das relative Unsicherheitsgefühl ausschlaggebend für Handlungen ist. Der alltägliche Vergleich mit dem „signifikanten Anderen" erklärt, warum junge Amerikaner ihre absolut schlechtere Arbeitsmarktsituation weniger belastend empfinden als Deutsche. Während es in den USA normal ist, häufig arbeitslos zu werden und neu angestellt zu werden, unterscheidet der deutsche Arbeitsmarkt in Insider und Outsider. Für Outsider kann der Ausschluss vom Arbeitsmarkt identitätsgefährdend werden. Als Gewinner des Globalisierungsprozesses können hingegen Männer, die sich in der mittleren Erwerbsphase befinden, bezeichnet werden. Auch für diese Gruppe sind die Arbeitsmarktunsicherheiten zwar gestiegen, sie profitieren aber von ihren Unternehmensbeziehungen. Neben aller Flexibilität benötigen Arbeitgeber nämlich auch verlässliche und dauerhafte Beschäftigte. Neueinstellungen gehen mit Suchkosten und oft auch Qualitätsverlusten einher. Insbesondere qualifizierte Männer mittleren Alters genießen bei Arbeitgebern häufig ein gutes Vertrauensverhältnis, das stabil und geschützt ist. Das Arbeitsangebot für Frauen und auch die Nachfrage von Frauen nach Arbeit sind gestiegen. Dennoch muss, darauf wiesen auch Konietzka und Kreyenfeld hin (s.o.), von einer Marginalisierung der weiblichen Erwerbsarbeit gesprochen werden. Frauen übernehmen häufig die unbezahlten Familien- und Pflegetätigkeiten, investieren stärker in die Karriere des Ehemannes als in ihre eigene und/oder sind häufiger atypisch beschäftigt. Auch hier schützt Humankapital am besten vor eine Randstellung. Arbeitnehmer im Vorruhestand nehmen ebenfalls eine Außenseiterposition ein. Sie sind wenig flexibel und aufgrund der häufigen Innovationen oft nicht (mehr) zeitgemäß qualifiziert. Für Unternehmen sind sie daher teuer. Diese älteren Arbeitnehmer profitieren aber von einem Kündigungsschutz und staatlichen Unterstützungen bei frühzeitigem Erwerbsaustritt. Durch die staatliche Unterstützung wird ihre Situation entschärft. In Deutschland kann man daher von einer Segmentierung des Arbeitsmarktes zu Ungunsten der Geringqualifizierten, der Jungen und daher wenig Etablierten sowie der Frauen sprechen (ebd.: 673ff). Entgegen der oft verbreiteten Annahme, dass im Globalisierungsprozess die nationalen Regulierungen an Einfluss verlieren, zeigt das GLOBALIFE-Projekt, dass es gerade die institutionellen Strukturen der Länder sind, die die Folgen der gestiegenen Unsicherheit prägen (vgl. ebd.: 681ff).

Einige vorgestellte Studien belegen einen Einfluss der beruflichen Situation von Individuen auf deren Familienplanung. Sie wird davon tangiert und auch abhängig gemacht. Beim gegenwärtigen Forschungsstand bleibt unklar, welche Folgen unsichere Berufssituationen sowie ein subjektives Unsicherheitsgefühl auf den Kinderwunsch und die Familienplanung haben. Insbesondere befristete Arbeitsverhältnisse sind häufiger geworden und daher im Vergleich zu Normalarbeitsverhältnissen Mittelpunkt der späteren empirischen Untersuchung. Lassen sich im Gegensatz zu den Ergebnissen von Kurz, Steinhage und Golsch Unterschiede bei der Familienplanung nach Vertragsart feststellen? Und ist immer noch ein Geschlechterunterschied vorhanden, oder wird die berufliche Situation von Frauen im Zuge weicherer Rollenaufteilung entscheidender? Zudem bleibt unklar ob die subjektive Beurteilung der eigenen Berufssituation einen Einfluss auf den Kinderwunsch und die Fertilitätsplanung hat, wie Blossfeld et al. behaupten, oder nicht, wie Kreyenfelds Analyse ergab. Zunächst soll das Thema aber theoretisch ergründet werden.

4. Der theoretische Hintergrund

Um dem Ziel dieses Buches näher zu kommen und Aussagen über den Einfluss der beruflichen Situation von Individuen auf deren Familienplanung machen zu können, sollen jetzt Überlegungen über das Handeln individueller Akteure theoretisch fundiert werden.[24] Im Rahmen des Rational Choice Ansatzes, nach der Tradition des strukturell-individualistischen Forschungsprogramms, soll das Mikro-Makro-Modell zur Erklärung und zur Bildung von Hypothesen herangezogen werden (Opp 2002: 90; Esser 2009a: 19ff). Denn wichtig bei einer sozialwissenschaftlichen Theoriebildung ist zum einen, dass „(…) unsere Erklärung der Wirkung der Repressionen auf einer allgemeinen sozialwissenschaftlichen Handlungstheorie beruht (…)"; und zum anderen muss die Erklärung in einem zweiten Schritt mit Hilfe der empirischen Sozialforschung überprüft werden (Opp 2001: 43). Ziel der Sozialwissenschaften ist es, das Auftreten sozialer Ereignisse zu erklären oder vorauszusagen und ihre Ursachen oder Bedingungen herauszustellen (ebd.: 46). Im Folgenden sollen Theorien vorgestellt werden, die dann der logischen Ableitung von Hypothesen dienen. Mit der empirischen Überprüfung wird herausgestellt, ob die erarbeiteten Hypothesen die Beobachtungen erklären können. Es soll daher zum einen die Bedeutung des Arbeitsmarktes, also die objektive Situationsbedingung der Makroebene, für die Situationsdefinition auf der Mikroebene mit der Flexibilisierungstheorie beschrieben werden. Auf der Mikroebene wird der Entscheidungsprozess mit der ökonomischen Theorie erklärt. Wichtig ist es, dabei die Wechselbeziehungen beider Ebenen zu erfassen. Das Handeln von Akteuren ist nur durch Betrachtung der Rahmenbedingungen, die die Ressourcen und Motivstrukturen formen, zu verstehen (Diekmann/Voss 2004: 20; Huinink 2008: 26). Zur Gegenüberstellung soll außerdem die Preference Theory von Catherine Hakim beschrieben werden; diese geht nicht von rationalen Fertilitätsentscheidungen aus. Beginnen wird die theoretische Fundierung dieses Buches mit einem Grundmodell der soziologischen Erklärung. Das Problem der Mikro-Makro-Transformation soll beschrieben werden.

4.1 Das Mikro-Makro-Modell

Ziel soziologischer Theorien ist die Erklärung makrosozialer Effekte. Diese entstehen durch das Zusammenwirken vieler handelnder Akteure. Neben den Faktoren der Makroebene muss daher auch die Mikroebene betrachtet werden. Auf der Mikroebene definieren Akteure die

[24] Es geht hier um eine bewusste Entscheidung für oder gegen eine Elternschaft bzw. deren vorbereitende Planung. Ungeplante Schwangerschaften bleiben daher unbeachtet.

Situation, unter der sie eine Handlung selektieren. Die Situation ist aber ebenfalls durch objektive Situationsbedingungen und sozio-kulturelle Bedingungen objektiv, von der Makroebene gerahmt. David McClelland hat 1961 mit dem berühmten "Badewannenmodell" die Beziehung von Mikro- und Makroebene skizziert. Das Modell wird von vielen Soziologen verwendet und weiterentwickelt. Hier sollen die Begrifflichkeiten von Hartmut Esser verwendet werden (vgl. Abbildung 2). Wichtig sind die objektiven Situationsbedingungen, unter denen eine Handlung stattfindet. Es müssen Hypothesen, sogenannte Brückenhypothesen, über den Einfluss gesellschaftlicher Merkmale auf die Situationsdefinition der Akteure aufgestellt werden. Das heißt, die individuellen Ziele, Ressourcen, wahrgenommenen Handlungsalternativen sowie subjektiven Wahrscheinlichkeiten der Akteure in gegebener Situation müssen benannt werden. Dies ist der Übergang von der Makro- zur Mikroebene, bezeichnet als „Logik der Situation". Im zweiten Schritt kommt eine Entscheidungstheorie (z.B. Rational Choice) zum Einsatz und erklärt die Handlungselektion eines Akteurs. Dieser Teil stellt die Mikro-Mikro-Verbindung dar, bezeichnet als „Logik der Selektion". Abschließend kommt die Ag-gregationsregel zum Tragen. Sie führt zu dem zu erklärenden sozialen Gesamteffekt, der sich aus der Vielzahl der individuellen Handlungen ergibt. Dies ist die Verbindung von der Mikroebene zurück auf die Makroebene, dieser Schritt wird als „Logik der Aggregation" bezeichnet (Diekmann/Voss 2004: 21; Schneider, W. L. 2005: 168ff; Esser 2009b: 264f).
Zusammenfassend lässt sich sagen, dass strukturell vorgegebene Opportunitäten und Restriktionen zu einer objektiven Situationslogik des sozialen Handelns führen, die im Rahmen eines Aggregationsmodells einen sozialen Gesamteffekt erklären können. Das Modell soziologischer Erklärung soll nicht als universell gültig oder unantastbar betrachtet werden. Es bietet aber die Möglichkeit als „theoretisches Instrument", soziologische Erklärungen zu systematisieren. Es kann als methodische Grundlage für das Verstehen von Zusammenhängen begriffen werden (Esser 2009a: 24ff).

Abbildung 2: Die Mikro-Makro-Transformation

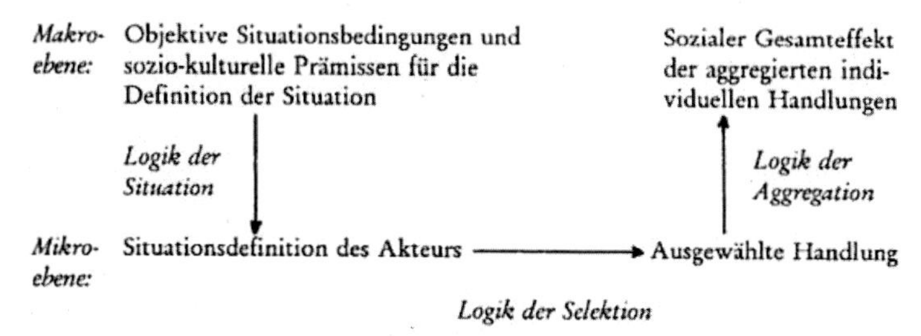

(Quelle: Schneider, W. L. 2005: 171)

Für die darzustellenden Überlegungen soll das Mikro-Makro-Modell zur Erklärung des Einflusses der beruflichen Situation von Individuen auf deren Fertilitätsentscheidungen beitragen. Es wird vermutet, dass die Globalisierungsentwicklungen und die Flexibilität des Arbeitsmarktes die berufliche Situation der Arbeitnehmer unsicherer gemacht hat. Diese Unsicherheit wirkt sich reduzierend auf Entscheidungen für langfristige Festlegungen wie eine Elternschaft aus. Um das Grundmodell soziologischer Erklärung auf die zu beantwortende Fragestellung anzuwenden, muss die Mikro-Makro-Transformation wie folgt aussehen:

Abbildung 3: Anwendung des Mikro-Makro-Modells

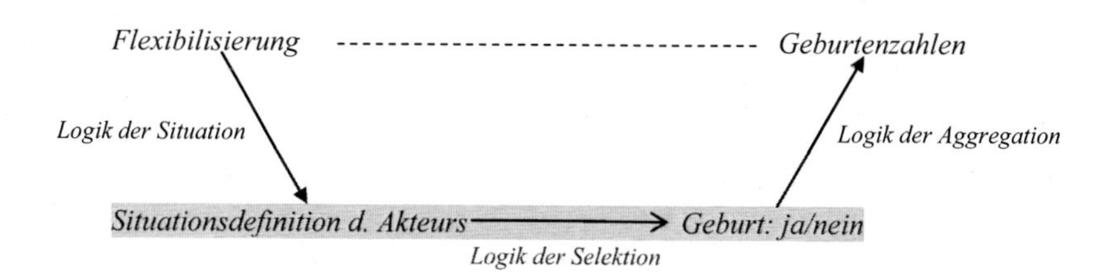

(eigene Darstellung, in Anlehnung an Schneider, W. L. 2005: 171)

Der Schwerpunkt dieses Buches liegt in der empirischen Überprüfung der Hypothesen, die Zusammenhänge der Mikroebene aufstellen. Genauer soll der Einfluss beruflicher Gegebenheiten auf den Kinderwunsch und auf die Planung eines Kindes analysiert werden. Diese sind der Fertilitätsentscheidung meist vorgelagert. Die Logik der Aggregation lässt vermuten, dass die Geburtenzahlen mit zunehmender Flexibilisierung des Arbeitsmarktes abnehmen werden. Dies wird empirisch aber nicht überprüft, da die Individualdaten des GGS dies nicht hergeben.

4.2 Die Flexibilisierungstheorie

Um Aussagen über den Einfluss der Arbeitsmarktsituation (objektive Situationsbedingung) auf die Entscheidung für oder gegen eine Familiengründung (ausgewählte Handlung) machen zu können, soll zunächst auf die Makroebene eingegangen werden. Handlungsentscheidungen sind immer in einem sozialen, rechtlichen und kulturellen Kontext zu verstehen. Ändern sich die strukturellen Rahmenbedingungen, hat dies Auswirkung auf die Handlungsmöglichkeiten. Es ist daher wichtig, familiale Übergänge, wie eine erste oder weitere Elternschaft, nicht unabhängig von schulischen und beruflichen Ausbildungsverläufen zu betrachten. Biografische Phasen von Individuen und Paaren sind von strukturellen Bedingungen geprägt und von Restriktionen begrenzt; familiale Entscheidungen sind nicht frei wählbar (Leim 2008: 47; Rupp/Blossfeld 2008: 140). „Beeinflusst werden die familialen Übergänge vor allem auch durch biografische Ereignisse im Bildungs- und Berufsverlauf" (Rupp/Blossfeld 2008: 140).
Bei der Betrachtung der Entwicklung und der Situation des deutschen Arbeitsmarktes kann man diesen nicht als autark begreifen. Die immer stärkere Vernetzung der Welt wirkt sich auf viele Bereiche aus und ist verantwortlich für den Wandel des Arbeitsmarktes, aber auch des sozialen Lebens, so unter anderem des Familienlebens.[25] Der Globalisierungsprozess ist in den USA und den europäischen Ländern im weltweiten Vergleich am stärksten ausgeprägt. Die Entwicklungen sind nicht neu, haben aber insbesondere seit den 80er Jahren zugenommen und sind intensiver geworden. Die Globalisierung geht einher mit vier Wandlungen auf der Makroebene. Erstens haben internationale Organisationen und Gesetzesregelungen länderübergreifende Transaktionen vereinfacht. Die Internationalisierung der Märkte führt zu einem stärkeren Wettbewerb zwischen den Ländern. Der Zusammenbruch des Ostblocks und auch der Aufstieg asiatischer Länder haben den Wettbewerbsdruck erhöht. Dies betrifft vor allem das Lohn- und Produktivitätsniveau, aber zum Beispiel auch die Sozialstandards. Zweitens setzt der Standortwettbewerb politische Entscheidungsträger unter Druck. Unternehmenssteuern, Sozialleistungen oder auch Deregulierungen der Länder konkurrieren zunehmend miteinander. Die zunehmende Liberalisierung des (Welt-)Marktes fördert den Wettbewerb der Unternehmen. Diese ersten beiden Veränderungen führen zu einer Beschleunigung von ökonomischem und sozialem Wandel. Drittens tragen die modernen Informations- und Kommunikationsmöglichkeiten zu einer stärkeren Vernetzung der Menschen bei. Dies vereinfacht und beschleunigt wirtschaftliche, aber auch soziale Interaktionsprozesse. Als vierte Globalisierungsfolge ist die Instabilität und Verwundbarkeit der Märkte, die sich aus der zuneh-

---

[25] vgl. Anhang Abbildung 12, S. 117

menden Vernetzung und dem Bedeutungszuwachs ergibt, zu nennen. Moderne Gesellschaften verdanken der Globalisierung Produktivitätszuwächse und die Erhöhung des Lebensstandards. Aber die Unsicherheiten der Marktentwicklung und die schnellen, unvorhersehbaren sozialen und ökonomischen Veränderungen sind negative Folgen einer globalisierten Welt. Viele Lebensbereiche sind von der Dynamik des Marktes abhängig, sie sind dadurch unvorhersehbarer geworden (Mills/Blossfeld 2003: 189ff; Blossfeld et al. 2007: 668; ebd. 2008: 23ff). Die Entwicklungen des Arbeitsmarktes können auch als „Entgrenzung" von Arbeit bezeichnet werden. Zum einen wurden die Handlungsmöglichkeiten erweitert, zum anderen führt diese Freiheit aber auch zu dem Zwang, ohne handlungsleitende Strukturen das Handeln individuell zu bestimmen. Es kommt also zu einer Entstrukturierung, die mehr Selbstorganisation von den Individuen verlangt. Man kann daher auch von Subjektivierung sprechen. Ziel ist es, menschliches Arbeitskräftepotenzial voll auszuschöpfen und ökonomisch sinnvoll zu nutzen. Die Gefahr dabei ist, dass die Grenzen zu anderen Gesellschaftssystemen verwischen. „Entgrenzung" ist Ausdruck eines gesellschaftlichen Wandels, den man auch als Restrukturierung bezeichnen kann. Diese hat nicht nur bei der Arbeit sondern auch in anderen gesellschaftlichen Teilbereichen stattgefunden. Vermehrte Selbstverantwortung und neu entstandene Entscheidungsprobleme sind die Folgen und machen Subjektivität zu einer wichtigen Ressource (Voß/Weiß 2005: 139ff).

Die ökonomische Globalisierung sowie betriebliche Umstrukturierungen (z.B.: die Auslagerung der Produktionsstätte) haben daher die Arbeitsplatzsituation der Menschen verändert. Die Entwicklungen führen zu einer zunehmenden Flexibilisierung des Arbeitsmarktes. Unternehmen müssen ihr Arbeitskräftepotential an die jeweiligen Marktentwicklungen anpassen können. Der Arbeitsmarkt in Deutschland ist dadurch nicht mehr so stabil wie früher. Sichere, unbefristete Beschäftigungsverhältnisse sind seltener geworden. Atypische oder auch prekäre Arbeitsplatzbedingungen sowie Arbeitslosigkeit sind heutzutage weit verbreitet (s.o.). Die neuen Marktrisiken werden von den Arbeitgebern an die Arbeitnehmer weitergegeben, langfristige Bindungen sind unattraktiv geworden. Gleichzeitig sind die Anforderungen an Arbeitnehmer gestiegen. Sie sollen flexibel einsetzbar sein sowie Bereitschaft zu Mobilität und Weiterbildung zeigen. Diese Entwicklung des Arbeitsmarktes bezeichnet man als Flexibilisierung (Buchholz/Blossfeld 2009: 124; Szydlik 2008: 1ff). Als Indikator für das Niveau der Flexibilisierung gilt das Verhältnis von Normalarbeitsverhältnis und atypischen Beschäftigungsformen. Gerade in der Zunahme atypischer Beschäftigungsformen manifestiert sich aber auch Unsicherheit, insbesondere für Zukunftspläne (Kronauer/Linne 2007: 11). Die Flexibilisierung der Berufswelt drückt sich auf verschiedene Weise aus. Die Selbstwahrnehmung der

Arbeitnehmer, der Erwerbslosen und auch der zukünftigen Generation, die sich noch in Ausbildung befindet, wird davon geprägt. Berufliche Unsicherheitserfahrungen sind weit verbreitet. Außerdem sind die beruflichen Werdegänge heute weniger kontinuierlich, als sie es früher waren. Instabile Erwerbsverläufe mit hohen Anforderungen sind der Normalfall. Die De-Standardisierung und Unstetigkeit der Flexibilisierungsentwicklung macht sich in vielerlei Hinsicht bemerkbar. Der Arbeitsort, die Arbeitszeit, der Arbeitgeber, das Einkommen, die Qualifikationsansprüche und auch der Arbeitsinhalt sind unsteter geworden. Lebensläufe werden ebenfalls tendenziell verschiedener, unregelmäßiger und unberechenbarer (Szydlik 2008: 14f; Mayer/Grunow/Nitsche 2010: 369f). Dieser Wandel wirft die Frage auf, wie ein Familienleben mit diesen Bedingungen zu vereinbaren ist. Denn die Anforderungen beider Bereiche sind konträr: „(...) Einerseits ist auf dem Arbeitsmarkt große Flexibilität zu beweisen, andererseits erfordern Familienbeziehungen eine gewisse Stabilität (...)“ (Szydlik 2008: 1). So beeinträchtigt Flexibilisierung zum einen das Familienleben, die Arbeitszeit überlagert nicht selten die Familienzeit, und beide Bereiche sind schwer zu vereinbaren. Zum anderen können flexible Arbeitszeiten auch die Vereinbarkeit von Familie und Beruf erleichtern (Schneider, N.F. 2005).

Nicht alle Bereiche des Lebens und auch nicht alle Personengruppen sind von den Globalisierungsentwicklungen gleichermaßen stark betroffen. Institutionelle Filter geben die Unsicherheiten unterschiedlich weiter. Insbesondere junge Menschen leiden unter der hoher Arbeitslosigkeit, den unsicheren Arbeitsplätzen oder flexiblen Anforderungen des Arbeitsmarktes. Der Zeitpunkt des Eintritts in das Berufsleben wird über das Bildungswesen vermittelt. Junge Menschen, gerade auch Frauen, verbringen heute längere Zeit in Bildungssystemen, als das früher der Fall war. Über diese Institution wird das Humankapital vermittelt; dieses ist in einer globalen Wissensgesellschaft sehr wichtig. Das Wohlfahrtssystem sichert allerdings Menschen, deren Existenz gefährdet ist, ab. Die verschiedenen Länder unterscheiden sich bezüglich der finanziellen Unterstützung im Falle von Arbeitslosigkeit, Rente, Elterngeld oder auch Arbeitsunfähigkeit. Deutschland gilt aufgrund der vergleichsweise hohen finanziellen Transfers als konservativ.[26] Auch das Familiensystem wird von den Entwicklungen beeinflusst. Längere Ausbildungszeiten verzögern die Familiengründung. Außerdem werden Festlegungen bezüglich der Partnerwahl oder der Familienplanungen zusätzlich aufgeschoben, da die Zukunftsaussichten unsicher sind. Autonomie ist für junge Menschen, insbesondere für Quali-

[26] Um den Grad der Globalisierung zu messen und deren Auswirkungen zu analysieren, kann man Länder anhand ihrer Wohlfahrtsregime vergleichen. Es gibt fünf Idealtypen nach Esping-Anderson: konservative, sozialdemokratische, post-sozialistische, liberale und familienorientierte Regime. Da in dieser Arbeit kein Ländervergleich stattfinden soll, wird darauf nicht weiter eingegangen (vgl.: Klijzing 2005: 25ff).

fizierte, wichtig und lässt sich mit Bindungen schlecht vereinbaren. Zudem ist mit der gestiegenen Bildungs- und Erwerbsbeteiligung der Frauen das Vereinbarkeitsproblem entstanden. Lässt sich eine Familiengründung nicht mit einer beruflichen Karriere vereinen, müssen sich Individuen, insbesondere Frauen, für eine Option entscheiden. Auf der Mikroebene führt die Globalisierung der Makroebene demnach letztendlich zu Veränderungen bei der Entscheidungsfindung; sie ist schwieriger geworden. Die Familiengründung, aber auch die Wahl des Arbeitsplatzes oder Partners wird von dieser Unsicherheit beeinflusst (Mills/Blossfeld 2003: 189ff; ebd. 2005: 6ff; Blossfeld et al. 2008: 23ff). „(...) the uncertainty generated by globalization at the social-structural level reduces or delays the propensity of youth to enter long-term binding commitments such as partnership and parenthood" (Mills/Blossfeld 2003: 201). Die Flexibilisierung des Arbeitsmarktes hat somit weitreichende Folgen für das private Leben. Die veränderten Rahmenbedingungen wirken sich auf die individuelle Entscheidungsebene (Mikroebene) aus. Wie die Entscheidungen für oder gegen eine (weitere) Elternschaft, unter den gegebenen Rahmenbedingungen fallen, soll im Folgenden anhand der Theorie der „rationalen Wahl" (Rational Choice) erklärt werden.

4.3 Die Rational Choice Theorie

Neben anderen Handlungstheorien erfahren die Rational Choice Theorien in der Soziologie große Beliebtheit. Es gibt viele, zum Teil sehr verschiedene Rational Choice Ansätze. Alle haben aber die Intention, „(...) menschliches Handeln primär als ein Prozess der rationalen Verfolgung von Interessen (...)" zu erklären (Schneider, W. L. 2005: 83). Ob eine Handlung von einem Akteur ausgewählt wird oder nicht, ist abhängig von der Bewertung der Kosten und des Nutzens dieser Handlung. Eine Handlung wird demnach als Mittel zur Realisierung eines Zweckes gesehen. Die meisten Theorierichtungen gehen davon aus, dass ein Akteur bei der Wahl zwischen mindestens zwei Handlungsalternativen diejenige selektiert, die ihm maximalen Nutzen verspricht. Auf diese Weise ist das „ökonomische Prinzip der Nutzenmaximierung" in den Rational Choice Ansätzen verankert. Neben der Nutzenmaximierung finden auch Restriktionen, also die Kosten einer Handlung, Beachtung in den Überlegungen. Weitere Annahmen, die als Voraussetzung gelten, sind zum einen eine stabile Präferenzordnung der Akteure und zum anderen eine vollständige Informiertheit über die Handlungsbedingungen und Handlungsmöglichkeiten. Die verschiedenen Rational Choice Theorien unterscheiden sich allerdings in der Härte ihrer theoretischen Annahmen (ebd.: 83ff). Das streng ökonomische Handlungsmodell geht von einer rein objektiven Kosten-Nutzen-Kalkulation der Handlungen aus. Außerdem wird die Präferenzordnung der Akteure als relativ stabil betrachtet und die Informiertheit über die Handlungsalternativen als vollständig angesehen. Diese harten Rational Choice Annahmen sind einfach und gut messbar und lassen sich daher gut empirisch falsifizieren. Die moderneren Rational Choice Theorien gehen über dieses eingeschränkte Homo-oeconomicus-Modell weit hinaus. Sie vereinen zum Beispiel auch Erklärungen von nicht-materiellem Verhalten oder altruistischen Handlungen (Diekmann/Voss 2004: 13ff). „Eine heuristische Regel (oder Arbeitshypothese) der RC-Theorie lautet, Verhaltensänderungen möglichst durch die Veränderung von Restriktionen und nicht durch die Veränderungen von Präferenzen zu erklären, es sein denn, man hätte für die Annahme von Präferenzänderungen wirklich gute Gründe“ (ebd.: 16). Diese Vorgehensweise ist wichtig, um tautologische Erklärungen zu vermeiden. Letztendlich kann jede Verhaltensänderung durch eine Änderung des Nutzens erklärt werden, ist dann aber nur eine Scheinerklärung. Wie ein Akteur bei gegebenen Präferenzen und Ressourcen handelt, erklärt die Entscheidungsregel, die ebenfalls in allen Theorieansätzen vorkommt. Hierbei unterscheiden sich allerdings die verschiedenen Varianten der Rational Choice Theorien (ebd.: 16ff).

Verschiedene Handlungsopportunitäten und -restriktionen[27] bestimmen den individuell wahrgenommenen Handlungsspielraum von Akteuren sowie die subjektive Bewertung der Vor- und Nachteile von Handlungen. Die Lebensgestaltung von Individuen, die versuchen, den Handlungsnutzen zu maximieren, wird davon bestimmt. Bezogen auf eine (weitere) Elternschaft stellt sich nur für eine Minderheit die Frage nach dem „ob“. Immer bedeutsamer wird hingegen die Frage nach dem „wann“. Das Abschätzen von Handlungsfolgen wird ohne Vorhersehbarkeit der zukünftigen Lebensbedingungen schwierig. Unsicherheiten bezüglich zukünftiger Lebensbedingungen, gerade auch der beruflichen Entwicklung, oder auch der zeitlichen und finanziellen Ressourcen machen Entscheidungen somit schwer(er). Der Aufschub von Elternschaftsentscheidungen ist logische Konsequenz von Ungewissheit und fehlender Kalkulierbarkeit (Huinink 2001: 152ff).

Für die weiteren Überlegungen ist es wichtig zu verstehen, dass eine Handlung ausgewählt wird, wenn die subjektiv erwartete Differenz von Nutzen und Kosten dieser Handlung höher ist als die der Handlungsalternativen. Auch auf Fertilitätsentscheidungen kann die Theorie der „rationalen Wahl“ angewendet werden. Die Vor- und Nachteile, die mit Kindern einhergehen, werden gegeneinander abgewogen und sind, so die theoretische Annahme, handlungsentscheidend. Mit der Verbreitung von (sicheren) Kontrazeptiva wurden die Kosten einer Fami-

[27] z.B.: kulturelle, soziale, ökonomische oder individuelle (Huinink 2001: 152).

lienplanung gesenkt und Elternschaft ein Element individueller Lebensplanung. In modernen Gesellschaften wird die Entscheidung zur Elternschaft zudem weniger durch Tradition und Emotionen geprägt als vielmehr vom rationalen Nutzengedanken. Als Nutzen wird das Erreichen individueller Ziele verstanden. Diese können finanzieller (Kinder als Arbeitskraft), materieller (Kinder zur Alterssicherung) oder auch immaterieller Art (Kinder zur Identitäts- oder Glückserfüllung) sein. Im Laufe der Modernisierung haben der finanzielle und der materielle Nutzen allerdings an Bedeutung verloren. Der immaterielle, psychische Nutzen blieb hingegen bestehen, er ist sogar gestiegen und kann als „moderne Motivation zur Elternschaft" bezeichnet werden (ebd.: 147f). Um dieser Befriedigung näher zu kommen, genügen allerdings bereits wenige Kinder. Die Attraktivität großer Kinderzahlen hat also abgenommen, dies zeigt sich auch in der gesunkenen Anzahl der Kinder pro Frau (s.o.). Die Kosten einer Elternschaft hingegen sind mit den Ansprüchen gestiegen. Die Norm der „verantworteten Elternschaft" postuliert das Ideal der Kleinfamilie. Die Kindererziehung und die Ausbildung der Kinder haben zudem einen hohen gesellschaftlichen Stellenwert. Auf der Kostenseite sind außerdem alle Aufwendungen zu betrachten, die mit Kindern einhergehen. Es gibt die direkten ökonomischen Kosten, die vor allem für die Versorgung der Kinder anfallen. Zudem bestehen psychische Kosten aufgrund der täglichen Alltagsorganisation und Auseinandersetzungen. Auch indirekte Kosten oder entgangene Gewinne sind entscheidend bei Fertilitätsplanungen. Insbesondere für Frauen sind diese Opportunitätskosten gestiegen. Einschränkungen bezüglich der Freizeitaktivitäten, der Konsumgestaltung und der individuellen Lebensplanung werden durch die Geburt von Kindern begrenzt. Speziell die Aufgabe oder Einschränkung der Erwerbsarbeit der Mutter geht mit finanziellen aber auch zukünftigen beruflichen Einbußen einher. Die Erwerbstätigkeit beider Geschlechter, die erhöhten Mobilitätsanforderungen des Arbeitsmarktes und auch die instabileren Partnerschaften machen es in der modernen Gesellschaft schwerer, eine Lebensplanung gemeinsam als Paar zu gestalten. Das Vereinbarkeitsproblem von Beruf und Familie, speziell die Betreuung der Kinder, sowie die gestiegene Unsicherheit vieler Arbeitsplätze führen zu einer Erhöhung der „Kostenseite" bei Fertilitätsentscheidungen. Zukunftsängste oder das Streben nach individueller Autonomie sind ebenfalls Lebensbedingungen, die sich nicht gut mit Kindern verbinden lassen (Huinink 1995: 147ff; Hradil 2004: 41ff). Auch die finanziell schlechtere Lage von Familien im Vergleich zu Haushalten ohne Kinder wirkt negativ bei der Entscheidungsfindung. Die Einkommenssituation verschlechtert sich mit der Familiengründung. Außerdem steigt mit der Kinderzahl und vor allem bei Alleinerziehenden das Armutsrisiko (Huinink/Feldhaus 2008: 6).

Eine Entscheidung für ein (weiteres) Kind fällt der Theorie zufolge nur, wenn der zu erwartende Nutzen der Entscheidung alle Kosten übersteigt. Ursache der gesellschaftlichen Veränderungen des Fertilitätsverhaltens ist demnach die Verschiebung der Kosten-Nutzen-Relation von Geburten. Denn das Kosten-Nutzen-Verhältnis ist natürlich nicht zeitlich stabil, es wandelt sich mit den Situationsbedingungen der Akteure. Der allgemeine Nutzen, insbesondere vieler Kinder, ist aber gesunken, die Opportunitätskosten hingegen sind gestiegen. Verantwortlich sind demnach nicht einfach nur Verhaltensänderungen, sondern vielmehr Struktureffekte. Die Entscheidung für ein Kind bedeutet eine langfristige, biografische Festlegung, die sich auf viele Lebensbereiche auswirkt. Die Flexibilisierung der Lebensläufe oder aber auch die heutzutage instabilere Ehe- und Beziehungssituationen[28] strahlen Unsicherheiten aus. Dies erschwert langfristige Festlegungen erheblich (Kopp 2002: 89ff; Huinink 2000: 211). Die Entscheidung für oder gegen eine Familiengründung oder -erweiterung hat auf verschiedenen Ebenen weitreichende Konsequenzen. Zum einen hat ein Kind lebensbestimmende Folgen für die Akteure auf der Mikroebene. Die individuelle Biografie, die Handlungsmöglichkeiten, die Partnerschaft oder auch der familiäre Alltag ändern sich entscheidend und langfristig. Zum anderen hat die Entscheidung aber auch makrosoziologische Folgen. Reproduktion und Sozialisation sind wichtige Funktionen für die Gesellschaft, die von Familien übernommen werden (Hill/Kopp 2000: 730).

Der Einfluss soziodemografischer Faktoren auf eine Familiengründung oder -erweiterung ist bedeutend, diese müssen daher in der empirischen Analyse kontrolliert werden. Personen, die noch in der Ausbildung sind oder sich noch nicht beruflich gefestigt haben, werden rational auf Kinder verzichten. Weitere Faktoren, die die Übergangswahrscheinlichkeit zu einer Elternschaft beeinflussen, sind das Alter, der Familienstand und die soziale Herkunft einer Person. Zu betonen ist außerdem, dass die berufliche Situation in der Regel mit der schulischen und beruflichen Ausbildungsqualifikation zusammenhängt. Auch das Einkommensniveau und die Karriereressourcen sind unmittelbar davon abhängig. Die genannten Faktoren beeinflussen eine Familiengründung, wie bereits erwähnt, geschlechtsspezifisch. Das Geschlecht wird daher in den Regressionsanalysen als Interaktionseffekt beachtet (Eckhard/Klein 2006: 47ff; Leim 2008: 59ff). Das Bildungsniveau der Frau stellt eine Schlüsselrolle für das generative Verhalten dar. Es ist ausschlaggebend für die Erwerbsbeteiligung sowie das Arbeitseinkommen und damit für die Opportunitätskosten der Frau. Diese sind bei einer Familiengründung größer als bei einer Familienerweiterung. Die Belastung der Frauen ist auch heute noch hoch,

[28] Während die Eheschließungen von 1991 bis 2009 um 17% abnahmen, stiegen die Scheidungen im gleichen Zeitraum um 36% an (Statistische Ämter des Bundes und der Länder 2011: 29).

da sie in der Regel die Kinderbetreuung übernehmen. Ob aus traditionellem Rollenverständnis oder weil Frauen meist weniger verdienen als Männer, ist die Arbeitsteilung immer noch überwiegend klassisch. Zusammen mit zu wenigen öffentlichen Betreuungsmöglichkeiten, insbesondere in Westdeutschland, steigen die Vereinbarkeitskosten mit der Bildung. Eine Familienerweiterung wird hingegen wahrscheinlicher, da mit einem zweiten Kind kaum zusätzliche Opportunitätskosten anfallen. Die Erwerbstätigkeit (i. d. R.) der Mutter wird durch die Geburt des ersten Kindes bereits eingeschränkt. Die Opportunitätskosten sind bei der Entscheidung für ein erstes Kind daher größer. Der Effekt könnte sich allerdings auch durch das Nachholen der Geburten nach einem langen Ausbildungsweg oder durch Einkommenseffekte der Partner erklären (Klein 2003: 520ff). Auch die Entscheidung für ein zweites oder für weitere Kinder ist aber von einer Kosten-Nutzen-Bewertung abhängig, wobei traditionelle Vorgaben an Bedeutung verloren haben. Bei einer Familienerweiterung ist der Ausgangspunkt allerdings verschoben. Da schon mindestens ein Kind in der Familie lebt, sind die Kosten und auch der Nutzen einer weiteren Geburt anders zu beurteilen. Zwar werden die Möglichkeiten zu Aktivitäten außerhalb der Familie durch ein weiteres Kind zusätzlich eingeschränkt, jedoch ist dieser Faktor bei einer Familienerweiterung weit geringer als bei einer Familiengründung. Zudem ist bei einem Paar, das bereits ein Kind hat, die Entscheidung für die Familie schon gefallen. Viele wünschen sich dann auch mehr als ein Kind. Eine große Bedeutung bei den Überlegungen zu einer Familienerweiterung spielt die Annahme, dass sich die Sozialisationserfahrungen des Erstgeborenen mit einem Geschwisterkind erweitern lassen. Der Abstand zwischen den Geburten des ersten und zweiten Kindes ist deshalb häufig auch nicht sehr groß. Die Übergangswahrscheinlichkeit zu einem zweiten Kind steigt mit der Bildung und dem sozioökonomischen Status beider Eltern. Ein hemmender Faktor ist hingegen, wie auch bei der Familiengründung, die Erwerbstätigkeit der Frau. Mütter, die zu Hause sind und nicht arbeiten, bekommen häufiger ein weiteres Kind als (wieder) Berufstätige (Huinink 1989: 196ff). Viele Erwachsene sehen das Aufwachsen und Lernen von Kindern mit Geschwistern als wichtigen Bestandteil der Sozialisation an. Der Übergang zum zweiten Kind ist zudem von sozialpolitischen Maßnahmen geprägt. In Deutschland sind kurze Geburtenabstände üblich. Eine Familienerweiterung nach zwei oder drei Jahren lässt sich gut mit der Elternzeit kombinieren. Der Abstand zwischen dem ersten und dem zweiten Kind hat sich verkleinert. Die Wahrscheinlichkeit einer Familienerweiterung ist insgesamt aber geringer geworden (Huinink 1995: 200f; Rupp/Blossfeld 2008: 163). Es scheint eine Entscheidung für Familie oder gegen Familie zu geben, aber: „wenn Familie, dann richtig" (Huinink 1995: 201). Diese

Tatsache führt zu einer Polarisierung der Familienentwicklung, die in Kapitel 4.4 erläutert wird.

4.4 Die Polarisierung der Familienentwicklung

Johannes Huinink beschreibt die Familienentwicklung in Westdeutschland als Polarisierung, die sich aus einer typischen Kosten-Nutzen-Konstellation ergibt. Insbesondere Hochschulabsolventinnen kann man demnach schon seit den frühen fünfziger Jahren in zwei Gruppen einteilen: die Kinderlosen und die mit zwei Kindern. Ein Kind oder mehr als zwei haben dagegen nur sehr wenige Frauen; diese Zwischenlösungen gehen mit zu hohen Kosten einher. Für Ostdeutschland lässt sich dies nicht bestätigen. Abhängig von gesellschaftlichen Rahmenbedingungen, individuellen Orientierungen und Ressourcen werden typische Entscheidungssituationen modelliert. Diese prägen die Familienmuster in einem Land. Polarisierungseffekte sind überall dort zu erwarten, wo die Entscheidung zu einer Elternschaft prekär ist (ebd. 2002a: 49; ebd. 2002b: 47). Dies ist der Fall, wenn „(…) gleichzeitig hohe Anreize für eine Elternschaft und für eine Abkehr von der traditionellen Mutterrolle bestehen, kostengünstige Möglichkeiten der Vereinbarkeit von Beruf und Familie aber fehlen“ (ebd. 2002a: 49). Die Polarisierung der Lebensformen in „Familiensektor“ und „Nicht-Familiensektor“ ist charakteristisch für die Familienentwicklung in Deutschland (Strohmeier 1993: 11).[29] Aber wie unterscheiden sich die europäischen Länder hinsichtlich ihrer gesellschaftlichen Rahmenbedingungen? Ohne an dieser Stelle einen ausführlichen Ländervergleich[30] vorzunehmen, soll im Folgenden auf die Bedingungen eingegangen werden, die Entscheidungen zur Elternschaft fördern beziehungsweise hemmen.

Um die gesellschaftlichen Rahmenbedingungen verschiedener Länder vergleichbar zu machen und Unterschiede herauszustellen, konzentriert sich Huinink zum einen auf den „Familialismus“ und zum zweiten auf die „Geschlechtersegregation“. Dies sind zwei Faktoren, die die Vor- und Nachteile von Elternschaft prägen. Der strukturelle Familialismus beschreibt den Grad, in dem sich die Politik eines Staates an den Aufgaben der Familie beteiligt und diese unterstützt. Dazu gehören, neben der Reproduktion an sich, auch die Erziehung, Betreuung, Lebensgestaltung sowie soziale und materielle Zuwendungen an die jungen und alten Generationen. Ein familialistisches Regime entzieht sich dieser Unterstützungsleistungen und überlässt dies den Familien. Es gibt keine oder nur wenige Transfers und Hilfestellungen, die Fa-

---

[29] Eine gestiegen Optionenvielfalt der Individuen die sich in der Pluralisierung der Lebensformen äußert findet sich nur im „Nicht-Familiensektor“, während der „Familiensektor“ Konstanz aufweist (Strohmeier 1993:11ff).
[30] vgl. dazu: Huinink 2002a; Huinink 2002b.

milienpolitik ist schwach. Mit dem Ausbau von Unterstützungsleistungen kommt es zu einer strukturellen De-Familialisierung. Der Begriff kultureller Familialismus beschreibt das vorherrschende Leitbild einer Gesellschaft. Wird die Familie als dauerhafte, eheliche Paarbeziehung, als dominante Lebensform ohne Alternativen gesehen, so spricht man von einem kulturellen Familialismus. Eine kulturelle De-Familialisierung vollzieht sich mit der zunehmenden Legitimität anderer, nicht familiärer Lebensformen. Der unterschiedliche Grad an Familialismus einer Gesellschaft hat Folgen für die Restriktionen und Möglichkeiten einer familienorientierten oder familienfernen Lebensplanung. Mit der Stärke des strukturellen und kulturellen Familialismus nimmt die Attraktivität großer Kinderzahlen ab. Da aber der Transfer größer wird und der psychische Nutzen von Kindern nicht ersetzbar ist, verliert Elternschaft durch die Veränderungen nicht an Bedeutung. Die strukturelle Geschlechtersegregation eines Landes beschreibt die Anreizstrukturen und Zugangschancen der Geschlechter zu verschiedenen Arbeitsbereichen innerhalb und außerhalb der Familie. Insbesondere die Opportunitätskosten der Frauen, die berufstätig sein wollen, und die Bereitschaft der Männer, sich an der Familienarbeit zu beteiligen, sind hier im Fokus der Betrachtung. Durch eine steigende Nachfrage an qualifizierten weiblichen Arbeitskräften werden zum Beispiel über das Einkommen Anreize geschaffen und mehr Frauen auf den Arbeitsmarkt „gezogen". Die „strukturelle Geschlechtersegregation" nimmt ab. Die „kulturelle Geschlechtersegregation", die sich im Geschlechterrollenbild eines Landes findet, definiert den Grad der Akzeptanz einer Gleichstellung der Geschlechter. Ein starker Familialismus und eine hohe Geschlechtersegregation gehen üblicherweise mit dem „male-breadwinner Modell" einher. In diesen Gesellschaften kümmern sich Mütter um die Kinder und die Hausarbeit, die Väter sind erwerbstätig. Mit einer steigenden Erwerbsbeteiligung der Frauen, die aufgrund gestiegener Ausbildungsniveaus größere Arbeitsmarktchancen haben, wirkt das starre „male-breadwinner Modell" nicht mehr zeitgemäß. Dieser Wandel der Geschlechterrollen geht allerdings meist nicht mit einer zeitgleichen De-Familiarisierung einher. Diese folgt der steigenden Erwerbsbeteiligung nur langsam und zeitlich versetzt. Gerade diese Ungleichzeitigkeit generiert aber Widersprüche, die Huinink als ursächlich für Polarisierungsphänomene bezeichnet (ebd. 2002a: 50ff; ebd. 2002b: 50).[31]
Vergleicht man West- und Ostdeutschland, so fällt auf, dass in beiden Regionen Deutschlands die Geschlechtersegregation mit der zunehmenden Bildungsbeteiligung und Erwerbstätigkeit der Frauen abgenommen hat. Die De-Familialisierung wird zudem von steigenden Unterstützungsleistungen für Familien vorangetrieben. In Westdeutschland blieb die Kinderbetreuung

[31] Andere Autoren sehen dieses Problem begründet in der Entwicklung des Wohlfahrtsstaat (vgl.: Mills/Blossfeld 2005: 12ff; Klijzing 2005: 25ff; Kurz/Steinhage/Golsch 2005: 55).

dabei aber mehr oder weniger unbeachtet. Der Verzicht auf Kinder, der Verzicht auf Erwerbstätigkeit aber auch die Vereinbarkeit von beidem sind mit hohen Kosten verbunden. Dies ist ursächlich für die Polarisierung der Familienformen. Frauen entscheiden sich zwischen den Alternativen „erwerbstätig und kinderlos" oder „erwerbslos und familienorientiert". Gerade hochgebildete Frauen bleiben dann häufig kinderlos, da ihre Opportunitätskosten am höchsten sind. Ist die Entscheidung zur Elternschaft allerdings gefallen, bekommen viele Frauen zwei Kinder. Gründe dafür sind zum einen, dass eine biografische Festlegung bereits mit dem ersten Kind erfolgt, das zweite fordert nur geringe Mehrkosten. Zum anderen wird davon ausgegangen, dass ein zweites Kind entwicklungspsychologische Vorteile für das Erstgeborene mit sich bringt, so wird sozusagen die „Qualität" der Familie erhöht. Generell werden eher selten Ein-Kind-Familien gewünscht (s.o.). In Ostdeutschland hingegen sind die Kinderbetreuungsmöglichkeiten besser[32] und sozial anerkannter, die Vereinbarkeitskosten sind somit kleiner. Die Entscheidung zur Familiengründung ohne Aufgabe der Erwerbsbeteiligung wird dadurch einfacher. Eine Verteilung mit einem Modus von zwei Kindern ist wahrscheinlich, auch in den höheren Bildungsgruppen wird es nur wenig Kinderlose geben. Vermutlich wird ein hohes Einkommen sogar positiv mit der Geburt von Kindern korrelieren (ebd. 2002a: 69ff).

4.5 Der Einfluss beruflicher Unsicherheit auf Fertilitätsentscheidungen

Im Unterschied zum Erwerb anderer langlebiger Konsumgüter (z.B. Autos) bedeuten Fertilitätsentscheidungen irreversible biografische Festlegungen, die zukünftige Handlungsoptionen einschränken. Bei Unsicherheiten bezüglich der Zukunft können sich solche Entscheidungen daher schnell als Fehlentscheidungen darstellen (Brose 2008: 34). Die gestiegene Unsicherheit, die schnellen Veränderungen und die allgemeine Unbeständigkeit sowie die fehlende Vorhersehbarkeit sozialer und ökonomischer Entwicklungen und das Überangebot von Informationen führen zu Schwierigkeiten bei der rationalen Entscheidungsfindung. Es besteht Unsicherheit über die Auswahl einer Alternative aus der großen Vielzahl an Möglichkeiten; zudem ist es schwierig, den richtigen Zeitpunkt zu finden. Die Zukunftsunsicherheiten erschweren die Beurteilung der Kosten-Nutzen-Relation vor der Handlung. Ebenfalls schwierig ist es zu wissen, wie viele Informationen für eine Handlung nötig und wie viele schon zu viel (d.h. zu teuer) sind. Fertilitätsentscheidungen sind daher Entscheidungen mit Unsicherheit. Um Handlungsentscheidungen zu vereinfachen, neigen Menschen dazu, die Unsicherheit zu

[32] Während in Westdeutschland für 100 Kinder unter 3 Jahren nur 3 Bertreuungsplätze zur Verfügung stehen, sind es in Ostdeutschland 53 (Huinink 2002a: 61).

minimieren. Für langfristige Bindungen durch eine Heirat oder Familiengründung wird eine ökonomische Unabhängigkeit durch eine sichere Erwerbssituation vorausgesetzt. Einer wirtschaftlich unsicheren Situation kann durch vier Eigenschaften aus dem Weg gegangen werden: Zum einen über die Schulbildung und das Beschäftigungsverhältnis, dazu kommt zweitens die Berufsausbildung sowie drittens die soziale Absicherung im Alter oder Krankheitsfall und viertens ein hoher Verdienst. Zeitlicher Unsicherheit kann zudem entgegengewirkt werden, indem man sich nicht auf langfristig bindende Entscheidungen festlegt. Junge Menschen gehen daher selten festen Bindungen ein und Arbeitgeber nutzen deshalb gerne nur befristete Vertragsbindungen. Beschäftigungsverhältnisse unterscheiden sich bezüglich ihrer Planungssicherheit. Atypisch Beschäftigte sind einer größeren Unsicherheit ausgesetzt als Beschäftigte in Normalarbeitsverhältnissen. In Ländern mit dominantem „male-breadwinner Modell", wie Deutschland es ist, wird erwartet, dass die Problematik der Unsicherheiten für Männer größer ist als für Frauen (Mills/Blossfeld 2005: 16ff).

Der Globalisierungsprozess hat den Alltag der Individuen unvorhersehbarer und unsicherer gemacht. Dies wirkt sich auf die Handlungsentscheidungen und somit auch auf die Lebensverläufe der Akteure aus. Da sowohl über die Handlungsalternativen als auch über die Folgen von Handlungen Unklarheit besteht, werden rationale Entscheidungen schwieriger. Insbesondere langfristig bindenden Entscheidungen wird daher häufig aus dem Weg gegangen. Der in manchen Ländern vollzogene Abbau des Wohlfahrstaates verstärkt das Unsicherheitsgefühl bezüglich der Zukunft zusätzlich. Die Globalisierung hat außerdem die Machtverhältnisse am Arbeitsmarkt zu Ungunsten der Arbeitnehmer verschoben. Arbeitgeber versuchen, die gestiegenen Marktrisiken auf Arbeitnehmer abzuwälzen; diese müssen daher flexibler sein. Eine schnelle Reaktions- und Anpassungsfähigkeit ist wichtig, um wirtschaftsfähig zu bleiben. Die Asymmetrie der Arbeitsbeziehungen äußert sich zunehmend in atypischen Beschäftigungen. Für Arbeitgeber ist es heute wichtig, Arbeitnehmer nach Bedarf einstellen oder auch kündigen zu können. Die makrostrukturelle Unsicherheit führt oft zu unvorhergesehenen Ereignissen, die das Vertrauens- und Sicherheitsgefühl von Individuen mindern (Blossfeld et al. 2007: 669f). Außerdem gilt heutzutage als normative Voraussetzung für Elternschaftsentscheidungen, dass man in stabilen Verhältnissen lebt und finanziell abgesichert ist. Berufliche Unsicherheiten und unklare Zukunftsaussichten stehen im Widerspruch zur Elternschaft, die langfristig Verantwortung fordert (Rupp/Blossfeld 2008: 157). Mit diesem Leitbild der „verantworteten Elternschaft" erhöhen sich allerdings auch die Hürden und Kosten einer Elternschaft. Der Einfluss gesellschaftlicher Leitbilder darf trotz Individualisierungsentwicklungen nämlich nicht unterschätzt werden. Sie haben auch in modernen Gesellschaften noch handlungsleitenden Charakter (Schneider 2011: 7). „Vielfach sind theoretisch bestehende Handlungsoptionen nur Scheinalternativen, die in den konkreten individuellen Lebenssituationen faktisch nicht realisierbar sind“ (ebd.: 7). Eine stabile, zufriedenstellende Partnerschaft, die Integration auf dem Arbeitsmarkt, eine ausreichende materielle Absicherung und gute Wohnverhältnisse gelten heute also als Voraussetzung für eine Familiengründung. Sind diese Punkte nicht erfüllt, wird ein Kinderwunsch oftmals nicht realisiert. Die Destabilisierung des Arbeitsmarktes verlangsamt das Erreichen dieser Standards. Gerade junge Menschen erfüllen diese Grundlage heute in einem späteren Lebensalter als frühere Generationen. Die Ausbildungswege sind länger geworden. Die Anforderungen des Arbeitsmarktes verlangen Unabhängigkeit. Flexibilität und Mobilität sind nur schwer mit einem Familienleben zu vereinen. Außerdem sind Partnerschaften unverbindlicher geworden. Fernbeziehungen und nichteheliche Lebensgemeinschaften ohne Familienplanung sind üblich. All dies führt zum Aufschub oder zum Ausbleiben der ersten Elternschaft (Rupp/Blossfeld 2008: 157f). Bedeutsam für die Entscheidungen biografischer Übergänge, insbesondere zur (weiteren) Elternschaft, ist eine gewisse Erwartbarkeit. Diese gestaltet sich aufgrund der individuellen Situation auf dem Arbeitsmarkt oft schwierig. Langfristige Planungen sind für viele Arbeitnehmer nicht möglich. Doch welchen Einfluss hat die Erwartungsunsicherheit bei der Entscheidung für oder gegen eine Elternschaft? Alexandra Düntgen und Martin Diewald formulieren zwei unterschiedliche Hypothesen. Bei der ersten These wird vermutet, dass sich eine berufliche Unsicherheit negativ auf die Wahrscheinlichkeit einer Elternschaft auswirkt. Dies bezeichnet man als Generalisierungsthese. Es wird davon ausgegangen, dass positive Aussichten Handlungsmöglichkeiten (hier Elternschaft) erweitern und negative diese einschränken. Diese These gilt insbesondere für Männer, da diese ja auch heute in der Regel die Ernährerrolle übernehmen (ebd. 2008: 215). „(…) gerade die Übernahme der Ernährerrolle verstärkt den Druck, beruflich stabil und erfolgreich zu sein“ (ebd.: 215). Die zweite, zu überprüfende These ist dazu gegensätzlich. Die berufliche Unsicherheit kann auch durch eine Stabilität in einem anderen Bereich, hier der Festlegung auf Elternschaft, kompensiert werden. Nach dieser Kompensationsthese wirkt sich berufliche Unsicherheit positiv auf die Wahrscheinlichkeit einer Elternschaft aus. Dies gilt insbesondere für Frauen, da die traditionelle Mutterrolle auch heute noch gesellschaftlich anerkannt ist. Eine dritte, allgemeinere Aussage bezieht sich auf das begrenzte Zeitkontingent, das Menschen haben. Demnach konkurrieren Familie und Beruf, ein zeitintensives Engagement in einem der Bereiche schließt dies für den andern aus. Denn Menschen müssen zudem ihre Alltagsorganisation den Anforderungen des Arbeitsmarktes, wie Zeitflexibilität und hohe Einsatzbereitschaft, anpassen (ebd.: 216; Huinink/Feldhaus 2008: 2).

Neben der Erwerbssituation an sich können auch die individuellen Beschäftigungsbedingungen besser oder schlechter sein und damit zur sozialen Ungleichheit beitragen. Trotz staatlicher Schutzregelungen und gewerkschaftlicher Unterstützung, die zu einer deutlichen Verbesserung der Bedingungen geführt haben, sind die Beschäftigungssituationen nicht für alle Menschen gleich. Die Sicherheit des Arbeitsplatzes, die Arbeitszeiten, die Arbeitsbelastungen oder die Zufriedenheit mit der Erwerbsarbeit sind daher Faktoren, die für die Familienplanung wichtig sind. Die wöchentlichen Arbeitsstunden unterscheiden sich in Abhängigkeit von den einzelnen Berufsgruppen und der Qualifikation der Arbeitnehmer. Entscheidender für das Wohlbefinden der Menschen sind allerdings die Arbeitszeitlage und die Vorhersehbarkeit der Arbeitszeit. Schicht-, Nacht- oder auch Sonntagsarbeit sind nachteilige Arbeitsformen, die soziale Kontakte erschweren. Auch die Gesundheit wird langfristig dadurch beeinträchtigt. Für bestimmte Branchen sind diese Arbeitszeiten jedoch unerlässlich. Produktionsanlagen müssen ausgelastet werden und bestimmte Dienstleistungen (z.B.: Polizei, Gastronomie, Krankennotdienst) werden auch außerhalb normaler Arbeitszeiten benötigt. Flexible Arbeitszeiten sind ein Vorteil, wenn sie individuell und bedürfnisorientiert gestaltet werden können. Gerade im Hinblick auf die Gestaltung des Alltags mit Kindern ist dies eine Erleichterung. Bedeuten flexible Arbeitszeiten aber fremdbestimmte Verfügbarkeit und unregelmäßige Arbeitszeiten, so stehen sie der Fürsorge von Kindern entgegen. Auch wenn es in diesem Buch nicht vordergründig um das Thema soziale Ungleichheit geht, ist es wichtig, auf die Unterschiede der Arbeitsbedingungen einzugehen, denn diese haben Folgen für das Wohlbefinden, die Gesundheit und das Familienleben (Hradil 2001: 302ff). Alexandra Düntgen und Martin Diewald stellen aber auch die These auf, dass die De-Standardisierungsentwicklungen für die jüngeren Arbeitnehmer heute normal sind, weil sie damit aufgewachsen sind. Die Autoren gehen davon aus, dass diese sich nicht von der Flexibilisierung ihrer Arbeitsbedingungen beeinflussen lassen (ebd. 2008: 217). Junge Menschen sind aber in jedem Fall stärker von den Entwicklungen betroffen als ältere. Blossfeld et al. gehen, im Gegensatz zu dieser Hypothese, von einem starken Zusammenhang von Unsicherheitserfahrung und Lebensplanung aus. Es ist daher zu überprüfen, ob sich die jüngeren Arbeitnehmer weniger stark von ihren Flexibilisierungserfahrungen in ihrer Lebensplanung beeinflussen lassen als ältere. Zudem stellt Bildung in einer globalisierten Welt eine wichtige Ressource dar. Es wird vermutet, dass mit steigender Bildung die Unsicherheit abnimmt (ebd. 2008: 28f). Da eine Kosten-Nutzen-Bewertung immer subjektiv erfolgt, ist zudem die Bewertung der eigenen Berufssituation eine interessante Komponente, die in der empirischen Überprüfung berücksichtigt wird.

Diesem Buch liegt also die Annahme zugrunde, dass die durch die Flexibilisierung zugenommene Unsicherheit und Unstetigkeit der Erwerbssituation sich negativ auf eine Elternschaft auswirkt. Familiale Entscheidungen würden diese Unsicherheit nur weiter erhöhen. Fertilität, Nuplialität aber auch Scheidungsraten nehmen in Krisenzeiten ab (Rupp/Blossfeld 2008: 166). Nach der ökonomischen Theorie wirkt sich hohe Planungsunsicherheit reduzierend auf die Entscheidungen zu einer Elternschaft aus. Solche langfristigen Festlegungen sind verbunden mit großer Verantwortung und langfristiger Selbstbindung. Eine Folge der Globalisierung ist somit das Vermeiden von Festlegungen, also auch die Reduzierung von Fertilitätsentscheidungen. Stabile Rahmenbedingungen begünstigen hingegen solche Entscheidungen. Die wachsende Unsicherheit führt zu Problemen bei der rationalen Entscheidungsfindung. Es fehlt zum einen häufig das Wissen bezüglich der Handlungsalternativen. Die fehlenden Informationen über die zukünftigen Entwicklungen erschweren vor allem die Einschätzung des besten Zeitpunktes einer Entscheidung. Außerdem ist es schwerer geworden, die Erträge, also den Nutzen einer Handlung, vorherzusagen. Zuletzt muss gesagt werden, dass auch das Beschaffen der Informationen schwieriger geworden ist. Die Fülle von Wissen, das mittels Internet für alle zugänglich ist, überfordert oft. Es ist schwer einzuschätzen, wann man ausreichend informiert ist, um eine Entscheidung zu treffen. Fertilitätsentscheidungen werden daher häufig aufgeschoben und immer öfter auch ganz unterlassen (Mills/Blossfeld 2003: 201f; Rupp/Blossfeld 2008: 157).

Ob Fertilitätsentscheidungen überhaupt als Ergebnis einer rationalen Abwägung der Vor- und Nachteile beruht, kann natürlich auch in Frage gestellt werden und wird in der soziologischen Diskussion behandelt (vgl. Burkart 2002: 23ff). Für dieses Buch ist allerdings keine Theoriekontroverse angedacht. Die Rational Choice Theorie wird zu Grunde gelegt, um im Rahmen eines Modells, Hypothesen aufstellen zu können. Im empirischen Teil des Buches werden diese auf ihren Aussagegehalt überprüft. Die tatsächliche individuelle Nutzenkalkulation einer Familiengründung sowie die rationale Verhandlung auf Paarebene werden nicht behandelt. Der Entscheidungsprozess sollte hier nicht, wie Burkart es fordert, als Abwägen aller bestehender Vor- und Nachteile beschrieben werden. Vielmehr wurde darauf hingewiesen, welchen Einfluss die Erwerbssituation des Einzelnen auf die Kosten einer Elternschaft haben (ebd.: 30ff).

4.6 Die Preference Theory

Im Gegensatz zur ökonomischen Theorie der Fertilität geht die Preference Theorie nach Catherin Hakim nicht davon aus, dass die Präferenzen von Akteuren gleich sind. Sie beschäftigt sich eben gerade mit den Unterschieden der Präferenzen und ihrer Entstehung. Durch die vermehrten Möglichkeiten an Verhütungsmitteln sowie dem veränderten Arbeitsmarkt kam es im Laufe der Modernisierung zu mehr Wahlmöglichkeiten für Frauen. Diese können nun wählen, ob sie lieber beruflich Karriere machen möchten, sie ihr Leben der Familie widmen wollen oder ob sie beides kombinieren möchten. Der Wandel der Geschlechterrollen und der normativen Vorstellungen von Arbeitsteilung wirken sich nach und nach auch auf die Entscheidungen der Individuen aus. Hakim wirft der ökonomischen Handlungstheorie vor, dass diese falscherweise von homogenen Präferenzen der Akteure ausgeht und betont mit der Preference Theory die unterschiedlichen Präferenzen, Werte und Ziele von menschlichen Entscheidungen und Handlungen. Sie geht nicht von einer Homogenität der Kosten-Nutzen Bewertung in Abhängigkeit von den Ressourcen aus, sondern legt den Schwerpunkt ihrer Theorie auf die Herausarbeitung der Unterschiede zwischen Frauen aber auch zwischen den Geschlechtern. Im Mittelpunkt ihrer Analyse und ihrer Erklärungen steht die Person, nicht nur Variablen (z.B.: Nutzenfaktoren). Sie beschreibt verschiedene Familienmodelle und Erwerbstätigkeitsverläufe, die sich aufgrund der Unterschiede menschlicher Präferenzen herausstellen. Hakim benennt drei ideale Familienformen: erstens Frauen, denen es wichtig ist, sich ausschließlich auf ihre berufliche Karriere zu konzentrieren (Work-centered); zweitens Frauen, die sich auf Haushalt und Familie festlegen (Home-centered) und drittens solche, die beide Bereiche kombinieren möchten (Adaptive). Die letztgenannte Gruppe ist die zahlenmäßig größte. Diese Frauen wollen an beiden Bereichen teilhaben und arbeiten oft halbtags oder in spezifisch geeigneten Berufen (z.B.: Lehrerinnen). „Work-centered women“ bilden die kleinste Gruppe. Sie sind oft kinderlos und konzentrieren sich stark auf ihre berufliche Karriere, man findet sie in den entsprechenden Positionen (z.B.: Managerinnen). „Home-centered women“ bilden ebenfalls eine kleine Gruppe. Sie sind meist verheiratet, arbeiten nicht und konzentrieren sich auf ihre Familie. Die Entscheidung für oder gegen einen Lebensstil ist, so die Autorin, unabhängig von dem Ausbildungsgrad oder der sozialen Schicht eines Menschen. Die Annahme, dass unterschiedliche Präferenzen verantwortlich sind für die verschiedenen Lebensstile, ist insofern interessant, als dass sie konträr zu den verbreiteten Meinungen über Frauenerwerbstätigkeit ist. Diskussionen über Frauenquoten oder auch Vereinbarkeitsprobleme werden somit nahezu obsolet. Die Politikrichtungen müssten sich, so Hakim, entsprechend der drei Präferenzgruppen und ihrer spezifischen Bedürfnisse unterscheiden. Sozial- und Familienpolitik kann geburtenfördernd auf die „Home-centered“ Gruppe wirken. Die „Work-centered“ Gruppe hingegen interessiert sich dafür nicht. Für sie ist nur bedeutsam, welche Möglichkeiten sie bezüglich politischer und ökonomischer Beteiligung an der Gesellschaft haben können. Die „Adaptive“ Gruppe ist sehr empfänglich für alle Bereiche der Politik. Sie sind sowohl von Regelungen des Arbeitsmarktes als auch von denen zur Familienpolitik betroffen (ebd. 2003a: 350ff; ebd. 2003b: 5ff).

Die historischen Entwicklungen der Frauenerwerbstätigkeit und des generativen Verhaltens erklären sich aufgrund der wachsenden Wahlmöglichkeiten seit den 60er Jahren. Die sichereren Verhütungsmethoden gaben Frauen die Möglichkeit, ihre Familienplanung selbst zu bestimmen. Die Gleichstellungsbestrebungen eröffneten auch Frauen, sich gesellschaftlich und beruflich zu etablieren. Die Expansion des Angestelltensektors bot zudem vielen Frauen attraktive Jobs. Die Möglichkeit, halbtags zu arbeiten, war ebenfalls für viele Frauen eine gute Variante, der „Kind-oder-Karriere-Entscheidung“ zu entgehen. Die Abwendung von traditionellen Verpflichtungen zu Gunsten von individuellen Werten und persönlichen Entfaltungsmöglichkeiten bietet zudem mehr Wahlmöglichkeiten bei der Entscheidung der eigenen Lebensform. Diese fünf Modernisierungsentwicklungen, die Frauen neue, freie Wahlmöglichkeiten bieten, sind noch nicht in allen europäischen Staaten abgeschlossen (z.B.: in Spanien). Die europäischen Länder unterscheiden sich hinsichtlich des Grades der Entwicklung teilweise stark. Die Entwicklungsstufen müssen nicht in allen modernen Gesellschaften und nicht gleichzeitig ablaufen, ihre Effekte sind aber kumulativ. Zudem betreffen die Veränderungen hauptsächlich die jüngeren Kohorten, da nur sie von den neuen Wahlmöglichkeiten profitieren. Hakim trennt die britische Gesellschaft, in der alle Entwicklungsstufen vollzogen sind, in zwei Erfahrungsgruppen. Zum einen die Geburtskohorten vor 1960, die von den Entwicklungen noch nicht profitieren konnte und zum anderen die ab 1960 Geborenen, die die neuen Wahlmöglichkeiten nutzen. Erst die neue Entscheidungsfreiheit führt zu einem Entscheidungszwang zwischen Beruf und Familie. Dadurch werden die unterschiedlichen Präferenzen der Frauen sichtbar. Dies heißt allerdings nicht, dass diese Entwicklungen für Männer keine Rolle spielen. Hakim konzentriert ihre theoretischen und empirischen Ausführungen aber auf das weibliche Geschlecht, denn Männer haben (noch) nicht die Wahlfreiheit zwischen Beruf und/oder Familie (ebd. 2003a: 355ff; ebd. 2003b: 7ff).

Hakim sieht die Aufgabe der Politik darin, alle Präferenztypen zu respektieren und der Diskriminierung spezieller Lebensformen entgegenzuwirken. Paare sollten selber entscheiden können, welches Modell der Arbeitsteilung sie bevorzugen und sollten dabei politische wie gesellschaftliche Unterstützung erfahren (ebd. 2003b: 262). Folgt man dieser Theorie, ergeben sich andere Hypothesen als auf Grundlage der Rational Choice Theorie. Auf diese soll hier aber nicht näher eingegangen werden, da sie auch in der empirischen Überprüfung nicht berücksichtigt werden können. Denn um die genannten Präferenzgruppen in einem Sample identifizieren zu können, schlägt Hakim drei spezielle Fragen vor. Diese sind im GGS allerdings nicht verwendet worden (vgl.: ebd.: 45ff). Ganz generell lässt sich aber sagen, dass - folgt man Hakim - keine Beeinflussung der beruflichen Situation auf den Kinderwunsch und auch nicht auf die Planung einer (weiteren) Elternschaft festzustellen sein dürfte. Berufliche Sicherheit wünscht sich, vereinfacht formuliert, wahrscheinlich die Gruppe der „Work-centered" Frauen, Kinder hingegen die der „Home-centered". Ein Interessenkonflikt könnte höchstens bei den „Adaptive" Frauen festzustellen sein.

5. Die zu überprüfende Kernthese

Das bisher Gesagte soll nun in Form strukturierter Vermutungen über Zusammenhänge, also Hypothesen, zusammengefasst werden. In einem sich anschließenden Abschnitt werden diese dann empirisch, im Rahmen einer Sekundäranalyse des GGS 2005[33], überprüft (Diekmann 2005: 107). Die beschriebenen Veränderungen auf der Makroebene erhöhen die Unsicherheiten der Marktentwicklung. Somit ist das Berufs- und Alltagsleben der Menschen auf der Mikroebene schneller und unvorhersehbarer geworden. Das daraus resultierende Unsicherheitsgefühl der Betroffenen hat, so die Vermutung, Folgen für die Familienplanung. Die forschungsleitende These dieses Buches lautet daher, dass eine unsichere Berufssituation sich reduzierend auf einen Kinderwunsch und vor allem auf die Planung der Familiengründung beziehungsweise -erweiterung auswirkt. Ziel ist es festzustellen, ob man aus den vorliegenden Daten auf signifikante Unterschiede zwischen sicheren und unsicheren Erwerbssituationen bezüglich ihrer Familienplanung schließen kann.
Aus der theoretischen Abhandlung lassen sich einige Hypothesen zum Zusammenhang zwischen Berufssituation und Kinderwunsch beziehungsweise Planung eines Kindes innerhalb von drei Jahren ableiten. Die Rational Choice Theorie lässt vermuten, dass Unsicherheitsfaktoren im Bereich der Berufssituation sich reduzierend auf den Kinderwunsch und noch stärker auf die Planung eines Kindes auswirken. Zudem wird von einer geschlechtsspezifischen Wirkung der Unsicherheit auf Familienplanungsabsichten, also einem Interaktionseffekt, ausgegangen: während Männer in unsicheren Berufssituationen eher auf Kinder verzichten, ziehen sich Frauen in unsicheren Berufssituationen eher aus dem Berufsleben zurück und konzentrieren sich auf Kinder (Düntgen/Diewald 2008: 215f).

Die Kernthese behauptet demnach folgenden Kausalzusammenhang (Modell):

1. erklärende Variablen	2. Drittvariablen	3. abhängige Variablen
• **Berufssituation** • **Beschäftigungssituation** • **subjektive Beurteilung**	haben in Abhängigkeit von Geschlecht, Alter, Bildung HH-Einkommen Region, Elternschaft Partnerschaftsform,	Einfluss auf den **Kinderwunsch** und die **Planung** eines Kindes

(eigene Darstellung)

[33] United Nations Economic Commission for Europe (2005): Generations & Gender Programme: Survey Instruments. New York and Geneva: United Nations.

Hypothesen zum Kinderwunsch

Die Planungsunsicherheit, die von einer unsicheren beruflichen Situation ausgeht, wirkt sich auf den Kinderwunsch der betroffenen Männer, im Vergleich zu denen mit sicherer Berufssituation reduzierend aus. Demnach ist der Kinderwunsch von unbefristet Beschäftigten und Selbstständigen größer als von befristet Beschäftigten, Arbeitslosen und Männern die aus anderen Gründen zu Hause sind. Für Frauen verhält sich der Zusammenhang umgekehrt. Aufgrund der, mit der Sicherheit einer beruflichen Situation, steigenden Opportunitätskosten steigt die Wahrscheinlichkeit eines Kinderwunsches mit der Unsicherheit der beruflichen Situation.

Hypothese 1:
a) Die Wahrscheinlichkeit eines Kinderwunsches von Männern ist bei sicherer beruflicher Situation größer als bei unsicherer.
b) Die Wahrscheinlichkeit eines Kinderwunsches von Frauen ist bei sicherer beruflicher Situation kleiner als bei unsicherer.
c) In der Ausbildungsphase ist für beide Geschlechter die Wahrscheinlichkeit eines Kinderwunsches gering.

Neben der Berufssituation wirkt sich auch die Beschäftigungssituation, also die Arbeitsbedingungen der Berufssituation, auf den Kinderwunsch aus. Insbesondere die Vorhersehbarkeit und die Regelmäßigkeit einer Arbeitsstelle sowie der Arbeitsumfang sind dabei entscheidend und erhöhen die Wahrscheinlichkeit eines Kinderwunsches.

Hypothese 2: Die Wahrscheinlichkeit eines Kinderwunsches von Männern und Frauen ist bei einem regelmäßigen Arbeitsrhythmus im Jahr größer als bei einem unregelmäßigen.

Hypothese 3: Die Wahrscheinlichkeit eines Kinderwunsches von Männern und Frauen ist größer, wenn ihre Arbeitszeit im Jahr regelmäßig tagsüber liegt, als wenn sie unregelmäßig oder nicht tagsüber liegt.

Hypothese 4: Mit den Betriebsjahren steigt die Wahrscheinlichkeit eines Kinderwunsches von Männern und Frauen.

Hypothese 5: Die Möglichkeit flexibler, individuell gestaltbarer Arbeitszeiten wirken sich auf die Wahrscheinlichkeit eines Kinderwunsches bei Männern und Frauen positiv aus.

Hypothese 6:
a) Die Wahrscheinlichkeit eines Kinderwunsches von Männern ist größer, wenn sie Vollzeit arbeiten, als wenn sie Teilzeit arbeiten.
b) Die Wahrscheinlichkeit eines Kinderwunsches von Frauen ist kleiner, wenn sie Vollzeit arbeiten, als wenn sie Teilzeit arbeiten.

Hypothese 7: Die Wahrscheinlichkeit eines Kinderwunsches von Männern und Frauen sinkt mit den Wochenarbeitsstunden.

Hypothese 8: Die Wahrscheinlichkeit eines Kinderwunsches von Männern und Frauen ist größer wenn sie im öffentlichen Dienst arbeiten, als wenn sie in einem privaten Unternehmen arbeiten.

Auch bezüglich der subjektiven Beurteilung der eigenen Berufssituation wird von einer Wirkung auf den Kinderwunsch ausgegangen. Je schlechter man seine eigne berufliche Situation beurteilt desto unwahrscheinlicher wird ein Kinderwunsch.

Hypothese 9:

a) Die Wahrscheinlichkeit eines Kinderwunsches von Männern steigt mit ihrer Zufriedenheit mit der Arbeitsplatzsicherheit.

b) Die Wahrscheinlichkeit eines Kinderwunsches von Frauen sinkt mit ihrer Zufriedenheit mit der Arbeitsplatzsicherheit.

Hypothese 10:

a) Die Wahrscheinlichkeit eines Kinderwunsches von Männern steigt mit der Kontrolle, die sie über ihre Arbeit haben.

b) Die Wahrscheinlichkeit eines Kinderwunsches von Frauen sinkt mit der Kontrolle, die sie über ihre Arbeit haben.

Hypothesen zur Planung eines Kindes innerhalb von drei Jahren

Für den Zusammenhang der Berufssituation, der Beschäftigungssituation sowie der subjektiven Beurteilung der Berufssituation auf die Planung eines Kindes innerhalb der nächsten drei Jahre wird von der gleichen Richtung wie beim Kinderwunsch ausgegangen. Es wird allerdings eine stärkere Wirkung aller unabhängigen Variablen auf die Planung eines Kinderwunsches vermutet. Die Planung eines Kindes innerhalb von drei Jahren ist voraussetzungsreicher als ein allgemeiner Kinderwunsch. Die Hypothesen werden daher wie folgt formuliert:

Hypothese 11:

a) Wenn ein Kinderwunsch besteht, ist die Planung eines Kindes innerhalb von drei Jahren bei Männern wahrscheinlicher, wenn die Berufssituation sicher ist, als wenn sie unsicher ist.

b) Wenn ein Kinderwunsch besteht, ist die Planung eines Kindes innerhalb von drei Jahren bei Frauen unwahrscheinlicher, wenn die Berufssituation sicher ist, als wenn sie unsicher ist.

c) In der Ausbildungsphase ist für beide Geschlechter die Wahrscheinlichkeit einer Planung eines Kindes innerhalb von drei Jahren gering.

Hypothese 12: Die Wahrscheinlichkeit der Planung eines Kindes innerhalb von drei Jahren von Männern und Frauen ist größer, wenn ihr Arbeitsrhythmus im Jahr regelmäßig ist, als wenn er unregelmäßig ist

Hypothese 13: Die Wahrscheinlichkeit der Planung eines Kindes innerhalb von drei Jahren von Männern und Frauen ist größer, wenn ihre Arbeitszeit im Jahr regelmäßig tagsüber liegt, als wenn sie unregelmäßig oder nicht tagsüber liegt.

Hypothese 14: Mit den Betriebsjahren steigt die Wahrscheinlichkeit der Planung eines Kindes innerhalb von drei Jahren von Männern und Frauen

Hypothese 15: Besteht die Möglichkeit flexibler, individuell gestaltbarer Arbeitszeiten ist die Wahrscheinlichkeit der Planung eines Kindes innerhalb von drei Jahren von Männern und Frauen größer, als wenn diese nicht besteht.

Hypothese 16:
a) Die Wahrscheinlichkeit der Planung eines Kindes innerhalb von drei Jahren bei Männern ist größer wenn sie Vollzeit arbeiten, als wenn sie Teilzeit arbeiten.
b) Die Wahrscheinlichkeit der Planung eines Kindes innerhalb von drei Jahren bei Frauen ist kleiner wenn sie Vollzeit arbeiten, als wenn sie Teilzeit arbeiten.

Hypothese 17: Die Wahrscheinlichkeit der Planung eines Kindes innerhalb von drei Jahren von Männern und Frauen sinkt mit den Arbeitswochenstunden.

Hypothese 18: Die Wahrscheinlichkeit der Planung eines Kindes innerhalb von drei Jahren von Männern und Frauen ist größer, wenn sie im öffentlichen Dienst arbeiten, als wenn sie in einem privaten Unternehmen arbeiten.

Hypothese 19:
a) Die Wahrscheinlichkeit der Planung eines Kindes innerhalb von drei Jahren von Männern steigt mit der Zufriedenheit mit der Arbeitsplatzsicherheit.
b) Die Wahrscheinlichkeit der Planung eines Kindes innerhalb von drei Jahren von Frauen sinkt mit der Zufriedenheit mit der Arbeitsplatzsicherheit.

Hypothese 20:
a) Die Wahrscheinlichkeit einer Planung eines Kindes innerhalb von drei Jahren von Männern steigt mit der Kontrolle die sie über ihre Arbeit haben.
b) Die Wahrscheinlichkeit einer Planung eines Kindes innerhalb von drei Jahren von Frauen sinkt mit der Kontrolle die sie über ihre Arbeit haben.

5.1 Die Operationalisierung

Abhängige Variablen

Es wird bei der Datenanalyse davon ausgegangen, dass Personen, die die Frage f061100 „Möchten Sie selbst jetzt (noch) ein (weiteres) Kind?“ mit „ja“ beantwortet haben, einen (weiteren) allgemeinen *Kinderwunsch* haben. Die die mit „nein“ oder „weiß nicht“ antworteten haben keinen Kinderwunsch (TNS-Infratest 2005; 404). Während im theoretischen Teil dieses Buches noch von Elternschaftsentscheidungen gesprochen wurde, soll es im empirischen Teil um die konkrete *Planung einer Elternschaft* innerhalb der nächsten drei Jahre[34] gehen. Diese ist im Allgemeinen der Entscheidung vorgelagert. Der Datensatz der ersten Welle, besteht aus Querschnittsdaten und eignet sich daher nicht für eine Zeitreihenanalyse. Von einer Planung eines (weiteren) Kindes innerhalb der nächsten drei Jahre wird bei Personen ausgegangen, die die Frage f062200: „Haben Sie vor, in den nächsten drei Jahren ein Kind zu bekommen?" mit „sicher ja" oder „wahrscheinlich ja" beantworteten. Keine Planung eines Kindes wird bei den Antworten „sicher nicht", „wahrscheinlich nicht" und „weiß nicht" angenommen. Auch wenn bei dem Zusammenfassen von Antwortkategorien immer von einem Informationsverlust ausgegangen werden muss, erscheint dies hier inhaltlich sinnvoll (TNS-Infratest 2005: 417).

Unabhängige Variablen

Die Berufssituation gibt Auskunft darüber, ob der/die Befragte einen *unbefristeten* oder *befristeten Vertag* hat, *selbstständig* ist, sich noch in der *Ausbildungsphase* (Auszubildende, Schüler, Studenten, Wehrdienst- oder Zivildienstleistende) befindet oder ob der/die Befragte nicht arbeitet und *arbeitslos* ist oder aus anderen Gründen *zu Hause* (Hausfrau, -mann oder in Mutterschutz bzw. Erziehungszeit) ist. Eine Skala der Sicherheit der Berufssituation zu bilden ist nicht möglich. Bezogen auf die zukünftige Entwicklung der eigenen Beschäftigungsbiografie kann aber gesagt werden, dass unbefristet Beschäftigte und mit Einwänden Selbstständige diese besser vorhersehen können als befristet Beschäftigte, Arbeitslose oder Personen die zu Hause sind. Die Ausbildungsphase ist ebenfalls durch eine unsichere Zukunftsperspektive gekennzeichnet, in der die konkrete Planung von Kindern allgemein unüblich ist. Die unbefristet Beschäftigten und befristet Beschäftigten lassen sich bezüglich ihrer Beschäftigungssicherheit am besten unterscheiden. Bei der Beschäftigungssituation wird das Vorliegen verschiedener Merkmale, die von der Berufssituation ausgehen, betrachtet. So sind die *Zeit* seit der die Befragten *im Unternehmen* arbeiten, der *Arbeitszeitrhythmus* im Jahr[35], die *Wochenarbeitsstunden*, die *Lage der Arbeitszeit* am Tag[36], ob der Betrieb *privat* oder *öffentlich* und die Stelle *Vollzeit* oder *Teilzeit* ist und auch ob Möglichkeiten zur *flexiblen Arbeitszeitgestal-*

[34] ausgehend vom Erhebungszeitpunkt 2005.
[35] Regelmäßiger Arbeitszeitrhythmus kontinuierlich das ganze Jahr über, im Vergleich zu einem unregelmäßigen Rhythmus (saisonal, mit Unterbrechungen oder gelegentlich) (TNS-Infratest 2005: 417).
[36] Lage der Arbeitszeit regelmäßig tagsüber, regelmäßig nicht tagsüber (abends, nachts, morgens, wochenends bzw. regelmäßige Schichten) oder unregelmäßige Arbeitszeiten (TNS-Infratest 2005: 556).

tung[37] bestehen, die für die Analyse interessanten Eigenschaften einer Arbeitsstelle, die sich auch auf die Sicherheit der Berufssituation auswirken. Für die subjektive Einschätzung der Arbeitssituation wird zum einen auf die *Zufriedenheit mit der eigenen Arbeitsplatzsicherheit*[38] und zum anderen auf die die Einschätzung der eigenen *Kontrolle über die Arbeit*[39] zurückgegriffen.

Kontrollvariablen

Um den Einfluss von Drittvariablen zu kontrollieren werden zudem einige Determinanten der Entscheidung zur Elternschaft in der Analyse berücksichtigt. Auf Grundlage des Forschungsstandes, wird das *Alter*, das *monatliche Haushaltseinkommen*, die *Region* (Ost- bzw. Westdeutschland), das Vorliegen einer *Elternschaft* (ja/nein) sowie die *Institutionalisierung der Partnerschaft* (getrennte Haushalte, gemeinsamer Haushalt und nicht verheiratet bzw. gemeinsamer Haushalt und verheiratet), werden auf ihren Einfluss auf den Kinderwunsch und die Planung eines Kindes überprüft. Das *Geschlecht* und auch die *Schulbildung* (Haupt-, Realschulabschluss, (Fach-) Abitur werden zusätzlich als Interaktionseffekte betrachtet und analysiert.

5.2 Das methodische Vorgehen

Für die empirische Untersuchung wird eine quantitative Sekundäranalyse der ersten Welle des Datensatzes des deutschen Generation und Gender Survey (GGS) von 2005, der vom Bundesinstitut für Bevölkerungsforschung (BIB) in Auftrag geben wurde, durchgeführt. Er gilt als Nachfolger des Family and Fertility Surveys (FFS) von 1992 (Ruckdeschel et al. 2006: 7). Der GGS ist eine „(...) international vergleichend angelegte Paneluntersuchung, mit der demografische Entwicklungen auf Basis individueller Handlungsweisen besser verstanden und erklärt werden sollen" (Naderi/Dorbritz/Ruckdeschel 2009: 5). Da der multidisziplinär angelegte GGS, neben anderen Bereichen, intensiv auf den Kinderwunsch der Befragten (und deren Partner) und außerdem auch auf die Berufssituation und deren subjektive Bewertung eingeht, ist er für die Beantwortung der Fragestellung gut geeignet. Zu den 11 Schwerpunkten

---

[37] Frage: f084400: Existieren bei Ihrem Arbeitgeber Regeln, die flexible Arbeitszeitmodelle aus persönlichen Gründen erlauben, z.B. wenn man sich nach den Zeitplänen von Kindern richten muss? (TNS-Infratest 2005: 561).

[38] Frage: f084700 „Wie zufrieden sind Sie mit Ihrer Arbeitsplatzsicherheit?" Die Antwortmöglichkeiten der Skala 0= überhaupt nicht zufrieden bis 10 = sehr zufrieden, wurde auf zu den drei Kategorien nicht zufrieden (0-3), mittelmäßig zufrieden (4-7) und zufrieden (8-10) zusammengefasst (TNS-Infratest 2005: 564).

[39] f071902: Wie stark ist Ihrer Meinung nach Ihre Kontrolle über ihre Arbeit in den nächsten drei Jahren? Antwortkategorien: Überhaupt nicht, ein bisschen, ziemlich stark oder sehr stark (TNS-Infratest 2005: 511).

des Datensatzes gehören sowohl der Kinderwunsch als auch die Erwerbstätigkeit und das Einkommen der Befragten. Auch Einstellungsvariablen zu den verschiedenen Themen sind Teil der Befragung, bleiben in dieser empirischen Analyse aber unberücksichtigt (ebd.: 12; Ruckdeschel/Naderi 2009: 2).

Der Datensatz ist multidisziplinär, weil er neben soziologischen Forschungsansätzen auch demografische, psychologische und ökonomische Aspekte einbezieht. Das Fragespektrum ist zudem retrospektiv, prospektiv und beinhaltet Fragen zur aktuellen Situation der Befragten. Die familiäre Situation zum Zeitpunkt des Interviews sowie Handlungsabsichten lassen sich so gut darstellen. Ziel der als Panel[40] angelegten Studie ist der Erkenntnisgewinn zu den Faktoren die eine Familiengründung oder den Kinderwunsch an sich beeinflussen. Zudem stehen die verschiedenen Beziehungen der Generationen und Geschlechter zueinander im Mittelpunkt des Interesses. Der GGS ist Teil des von der Wirtschaftskommission der Vereinten Nationen (Economic Commission for Europe; UNECE) koordinierten „Generation and Gender Programms" (GGP). An der Entwicklung des Fragebogens waren viele Bevölkerungsinstitute der verschiedenen Länder beteiligt.[41] Die Verantwortung der Ausführung der Befragung, liegt bei den jeweiligen Ländern. Für Deutschland wurde im Rahmen der ersten Welle der GGS vom Umfrageinstitut TNS Infratest Sozialforschung, im Auftrag des BIB, 10017 (auswertbare) persönlich-mündliche CAPI[42]-Interviews in Privathaushalten durchgeführt. Nach dem Pretests mit 115 Befragten folgte die Feldphase von Ende Februar bis Mitte Mai 2005. Die Grundgesamtheit des GGS bildet die deutsche Wohnbevölkerung (in Privathaushalten) im Alter von 18 bis 79 Jahren, die der deutschen Sprache mächtig sind. Die Stichprobenbildung erfolgte über ein aufwendiges Random-Route-Verfahren, das mit der Auswahlgrundlage des neuen ADM-Modells[43], festgelegter Begehungswege und einem Schwedenschlüssel die Zufallsauswahl der Befragten garantiert (Ruckdeschel et al. 2006: 7ff; Ruckdeschel/Naderi 2009: 2). Für die Bearbeitung der Hypothesen wird diese Grundgesamtheit eingegrenzt und auf das Thema dieses Buches zugespitzen (s.u.). Da die Rational Choice Theorien am Individuum ansetzen, lassen sich abgeleitete Hypothesen mit Individualdaten gut überprüfen (Burkart 2006: 178). Nach einer Deskription der Stichprobenverteilung sowie einiger interessanter

[40] Bisher liegt allerdings nur der Datensatz von 2005 vor. Die 2008 erhobene zweite Welle ist noch nicht verfügbar. Die als Panel angedachten Daten, können daher nur als Querschnittsdatensatz betrachtet werden.
[41] u.a.: Max-Planck-Institut für demografische Forschung; Statistics Canada; Centre for Analysis of Social Exclusion an der London School of Economics (Ruckdeschel et al. 2006: 7).
[42]CAPI = Computer-Assisted-Personal-Interviewing (Ruckdeschel et al. 2006: 11).
[43] Dieses Stichprobensystem, des Arbeitskreises Deutscher Markt- und Sozialforschungsinstitute, liefert einen Auswahlrahmen für repräsentative Stichproben von Privathaushalten (vgl. von der Heyde 2009).

Aspekte werden multivariate, binär logistische Regressionsanalysen den empirischen Teil des Buches abrunden.

5.3 Die Vor- und Nachteile des methodischen Vorgehens

Der GGS ist zwar als Panelbefragung angelegt, da allerdings bisher nur die Daten der ersten Welle von 2005 vorliegen, müssen diese als Querschnittdatensatz betrachtet werden. Querschnittdaten eignen sich nicht für die Betrachtung des sozialen Wandels. Zur Beantwortung von Forschungsfragen, die soziale Prozesse betreffen, wären Längsschnittdaten erforderlich. Da diese nicht vorliegen, muss darauf hingewiesen werden, dass keine Aussagen über zeitliche Veränderungen gemacht werden können. Nur der zum Befragungszeitpunkt vorliegende Zustand sowie der statistische Zusammenhang von Variablen kann übergeprüft werden. Durch die Einschränkung dieser Momentaufnahme kann der Einfluss vergangener Erfahrungen (z.B. Arbeitslosigkeit) und deren Auswirkungen auf Fertilitätsplanungen nicht überprüft werden. Auch Aussagen zu dem Einfluss von Makrodaten des deutschen Arbeitsmarktes (z.B. Anteil der Befristung; Erwerbslosenquote) können nicht gemacht werden. Dazu wäre ein Vergleich mit Längsschnittdaten nötig (Diekmann 2005: 266ff; Schmitt 2005: 27). Möglich, und Ziel der späteren Analyse, ist aber die Überprüfung eines statistischen Zusammenhang der aktuellen Berufssituation auf den Kinderwunsch und die Familienplanung. Für die Überprüfung der aufgestellten Hypothesen ist zudem eine Sekundäranalyse des GGS gut geeignet. Die statistischen Unsicherheiten dieser Überprüfungen sollen zudem reduziert werden. Gerade standardisierte Variablen werden in der quantitativen Forschung zur Überprüfung Rational Choice basierter Fragestellungen gerne verwendet. Weil der GGS sowohl Fragen zum Kinderwunsch und zur Familienplanung als auch zur Berufssituation beinhaltet, ist er für die Beantwortung der Forschungsfrage gut geeignet. Andreas Diekmann weist darauf hin, dass es sinnvoll ist auf vorhandene Primärdaten zurückzugreifen, sofern diese für die Beantwortung der Forschungsfrage geeignet sind. Sekundäranalysen sind weniger zeit- und kostenintensiv und häufig weniger verzerrt. Die persönlichen „face to face"-Interviews, mit vollständig strukturierten Fragen ermöglicht einen hohen Grad von Objektivität und Reliabilität (ebd.: 2005: 33ff).

6. Die Deskription der Stichprobe

Um die erarbeiteten Hypothesen empirisch überprüfen zu können und Aussagen über die vermuteten Zusammenhänge treffen zu können, wird die Grundgesamtheit des GGS zunächst eingegrenzt. Für die Untersuchung der Planung einer Familiengründung oder -erweiterung müssen die Untersuchungseinheiten potentielle Eltern darstellen. Die Analyse konzentriert sich daher auf alle Befragten zwischen 18 und 49 Jahren, die in einer heterosexuelle Beziehung leben.[44] Zudem müssen sowohl diese selbst, als auch ihre jeweilige Partnerin/ihr jeweiliger Partner körperlich in der Lage sein, Kinder zu bekommen.[45] Betrachtet werden zudem, wie vom GGS vorgegeben, Befragte die in Deutschland leben, unabhängig von ihrem Arbeitsort. Wichtig ist die Eingrenzung der Grundgesamtheit um möglichst genaue Ergebnisse zu erhalten. Mit Eintritt der Menstruationspause ist bei Frauen die fertile Phase begrenzt. Eine Mutterschaft nach dem 50. Lebensjahr ist damit unwahrscheinlich. Auch bei Männern nimmt zum einen die Fruchtbarkeit ab, zum anderen sind sie aber auch von der Partnerin abhängig. Zudem erfolgen die meisten Fertilitätsplanungen im Partnerschaftskontext, das Vorhandensein einer Partnerschaft ist für die Fertilitätsentwicklung entscheidend (Klein 2003: 506; Schmitt 2005: 21). Dass für die Betrachtung der Fragestellung die körperlichen Voraussetzungen entscheidend sind, erklärt sich von selbst. Adoptionen und die Aufnahme von Pflegekindern werden nicht analysiert, es geht ausschließlich um den Kinderwunsch der Befragten und deren Planung eines leiblichen Kindes innerhalb von drei Jahren. Aufgrund der Inkonsistenz wurden zudem Personen aus der Stichprobe ausgeschlossen, die angaben, keinen Kinderwunsch zu haben aber dennoch mitteilen, ein Kind innerhalb von drei Jahren zu planen.

Für alle statistischen Untersuchungen wurde zudem die Gewichtung nach Personen aktiviert. Die Personengewichtung erfolgt um die Daten bevölkerungsrepräsentativ aufzuarbeiten. Anhand der Datenbasis der aktuellen Bevölkerungsfortschreibung des Statistischen Bundesamtes von 2003 wurde die Merkmale Bundesland, Geschlecht und Alter kontrolliert. Die Anpassung der Randgewichtung von Ost-West, Altersgruppen und Bildung erfolgte in Anlehnung an den Mikrozensus 2003. Mit der Gewichtung wurde die Sollstruktur der Grundgesamtheit (des GGS) hergestellt. Insbesondere Personen mit höherer Schulbildung waren in der Stichprobe stärker vertreten als in der Referenzstatistik (Ruckdeschel et al. 2006: 16ff).[46]

---

[44] Nach Dauer der Beziehung kann aufgrund der fehlenden Datenerhebung nicht differenziert werden.

[45] Aufgrund des vorgegebenen Filters, wurden bei diesen Fragen nur Befragte Frauen bis 50 Jahre und alle Männer mit Partnerin unter 50 Jahre berücksichtigt. Männer bis 49 Jahre, deren Partnerin älter als 50 Jahre ist, fallen daher ebenfalls aus der Stichprobe (TNS-Infratest 2005: 405).

[46] vgl.: Anhang Tabelle 9, S. 118

Nach der Reduzierung der Fälle bleibt ein Stichprobenumfang von 2913 Befragten, die für die weitere Analyse die Grundlage bilden. Die soziodemografischen Merkmale der Stichprobe verteilen sich wie folgt:

Tabelle 2: Häufigkeitstabelle ausgesuchter Merkmale der Stichprobe

Verteilung der Stichprobe; N = 2913			
		Häufigkeit:	Prozent:
Geschlecht:	männlich	1395	47,9
	weiblich	1518	52,1
Bundesland:	Westdeutschland	2418	83,0
	Ostdeutschland	495	17,0
Alter:	18 bis 25	461	15,8
	26 bis 33	698	24,0
	34 bis 41	1010	34,7
	42 bis 49	744	25,5
Lebensform:	verheiratet im HH[1]	1867	64,1
	nicht verheiratet im HH	505	17,3
	kein gemeinsamer HH[2]	540	18,5
Eltern:	nein	969	33,3
	ja[3]	1944	66,7
Schulbildung:	noch Schüler	32	1,1
	kein Abschluss	40	1,4
	Hauptschulabschluss	886	30,4
	Mittlere Reife	1035	35,5
	(Fach-)Abitur	902	31,0
Monatliches HH-Einkommen:	> 999 €	228	7,8
	1000€ bis 1999€	725	24,9
	2000€ bis 2999€	900	30,9
	< 2999€	648	22,2

[1] HH = Haushalt
[2] verheiratete und nicht verheiratete
[3] leibliches oder Adoptivkind im HH oder nicht im HH (Quelle: GGS 2005; eigene Berechnungen)

Die Tabelle 2 zeigt einen leichten Frauenüberschuss von 52,1 zu 47,9 Prozent. Der Anteil der Ostdeutschen ist mit 16,5 Prozent deutlich geringer als der der Westdeutschen (83,5%). Ob sich dennoch regionale Unterschiede beim Einfluss der Berufssituation auf die Familienplanung feststellen lassen, wird sich zeigen. Die Altersgruppenverteilung zeigt einen großen An-

teil der 34 bis 41-jährigen (34,7%) und einen deutlich geringeren bei den 18 bis 25-jährigen (15,8%). Generell sind fast 50 Prozent der Stichprobe über 36 Jahre alt, die Jüngeren sind daher leider unterrepräsentiert (was für die „Kinderwunschfrage" nicht unbedingt günstig ist). Der größte Anteil der Befragten lebt zudem mit seinem Partner, verheiratet in einem Haushalt (64,1%). Jeweils etwa 18 Prozent leben unverheiratet mit einem Partner zusammen oder teilen mit ihrem Partner keinen gemeinsamen Haushalt. 66,7 Prozent sind Eltern von leiblichen oder Adoptivkindern sie sind daher überrepräsentiert, nur 33,3 Prozent sind hingegen kinderlos. Betrachtet man den Schulabschluss der Befragten zeigt sich, dass die meisten (35,5%) die mittlere Reife haben. Hauptschulabschluss haben 30,4 Prozent, Abitur oder Fachabitur 31 Prozent. Beim zur Verfügung stehenden Haushaltseinkommen liegt der Modus bei 2.000 bis 2.900 Euro pro Monat. Mit unter 1.000 Euro leben nur unter 10 Prozent der Befragten.
Leider ist die Anzahl der Befragten mit Kinderwunsch nicht sehr groß.[47] Nur 27,4 Prozent, der Interviewten, das sind 797 Personen, wünschen sich ein (weiteres) Kind. Gerade jene, die bereits Eltern sind wollen zu 82,2 Prozent keine Kinder mehr bekommen. Aber auch die Kinderlosen (mit Partner!) haben zu über 50 Prozent keinen Kinderwunsch. Für die Analyse einer gewünschten Familienerweiterung stehen daher nur (aber immerhin) 345 Interviews zur Verfügung, für eine Familiengründung 452 (das sind 46,6% der Kinderlosen). Von den Befragten mit Kinderwunsch gaben 517 an für die nächsten drei Jahre ein Kind geplant zu haben.[48] Das sind 17,7 Prozent der Stichprobe während 82,3 Prozent die entsprechende Frage verneinten.
Ein weiteres Verteilungsproblem der Stichprobe ist die Berufssituation.[49] Mit über 50 Prozent sind die meisten Befragten unbefristet abhängig beschäftigt. Befristet Beschäftigt sind nur 9 Prozent der Stichprobe (264 Personen). Jeweils unter 10 Prozent sind selbstständig, in Ausbildung[50] beziehungsweise arbeitslos. Zu Hause[51] sind 14,1 Prozent der Befragten, dass sind alle die sich als Hausfrau/-mann bezeichnen oder in Mutterschutz beziehungsweise Elternzeit sind. Die Verteilung der Vertragsart der abhängig Beschäftigten ist zudem, wie zu erwarten war, stark altersabhängig; Mit dem Alter sinkt der Anteil befristeter Beschäftigten zugunsten der unbefristeten Beschäftigungen. Bis zum 33. Lebensjahr sind befristete Beschäftigungsverhältnisse aber auch in der Stichprobe keine Seltenheit.

---

[47] vgl. Anhang Tabelle 10, S. 118
[48] Die Frage f062200: „Haben Sie vor, in den nächsten drei Jahren ein Kind zu bekommen?", die Antwortmöglichkeiten „sicher ja" und „wahrscheinlich ja" bzw. „sicher nicht" und „wahrscheinlich nicht" und „weiß nicht" wurden zu Kind geplant bzw. kein Kind geplant zusammengefasst (TNS-Infratest 2005: 417).
[49] vgl. Anhang Tabelle 11, S. 118
[50] Auszubildende, Schüler, Studenten, Wehrdienst- oder Zivildienstleistende.
[51] Hausfrau, -mann oder in Mutterschutz bzw. Erziehungszeit.

Abbildung 4: Vertragsart aller abhängig Beschäftigten nach Alter

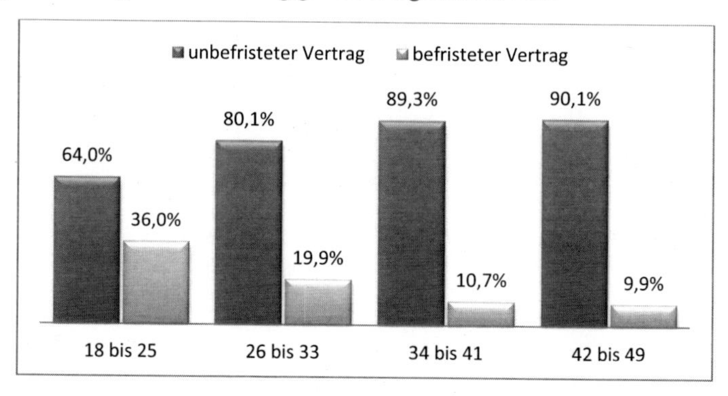

(Quelle: GGS 2005; eigene Berechnungen)

Um Aussagen über den Zusammenhang von der Berufssituation und dem Kinderwunsch machen zu können, kann man beide Variable kreuztabellieren.[52] Ganz allgemein würde man erwarten, dass der Kinderwunsch größer ist, wenn die Berufssituation sicher ist. Anders ausgedrückt wird vermutet, dass die objektive Sicherheit der Berufssituation sich positiv auf einen Kinderwunsch auswirkt. Betrachtet man die Kreuztabelle, sieht man, dass sich diese These zunächst nicht bestätigt. Prozentual am höchsten ist der Kinderwunsch von Personen in Ausbildung[53] (40,6%) und den Befragten mit einem befristeten Vertag. Der Kinderwunsch von unbefristet Beschäftigten und Selbstständigen ist mit jeweils 23,5 Prozent, entgegen der Hypothese, am geringsten. Aufgrund der fehlenden Drittvariablenkontrolle darf dieses Ergebnis allerdings nicht dazu führen die Hypothese abzulehnen. Erst nach der logistischen Regressionsanalyse kann man deren Validität beurteilen. Insbesondere eine Unterscheidung von Eltern und Kinderlosen ist hier sinnvoll. Es kann vermutet werden, dass der Kinderwunsch von befristet Angestellten und Auszubildenden höher ist, weil diese noch keine Kinder haben. Ganz außen vor gelassen wurde zudem der vermutete Interaktionseffekt des Geschlechtes.

Entscheidender ist ohnehin die Frage, ob die Realisierung eines bestehenden Kinderwunsches von der Berufssituation abhängt.[54] Es geht um die Frage ob, wenn ein Kinderwunsch besteht, dessen Realisierung innerhalb von drei Jahren wahrscheinlicher ist, wenn die Berufssituation sicher ist. Im Folgenden wurden deshalb der Kinderwunsch und die Planung eines Kindes innerhalb der nächsten drei Jahre zueinander in Bezug gesetzt. Ziel dieser Darstellung ist einen ersten qualitativen Überblick bezüglich der Effekte zu bekommen und um Auffälligkeiten

[52] vgl. Anhang Tabelle 12, S. 119
[53] Auszubildende, Schüler, Studenten, Wehrdienst- oder Zivildienstleistende.
[54] vgl. Anhang Tabelle 13, S. 119

beschreiben zu können. Es geht ausdrücklich nicht um die Quantifizierung der Unterschiede.[55] Statistisch ist die Darstellung nicht einwandfrei, dennoch zeigt sich ob es sich lohnt den Effekten weiter nachzugehen. Erst die logistischen Regressionsanalysen (s.u.) erlauben exaktere Aussagen zu den vermuteten Zusammenhängen.

Abbildung 5: Planung eines (weiteren) Kindes nach Berufssituation

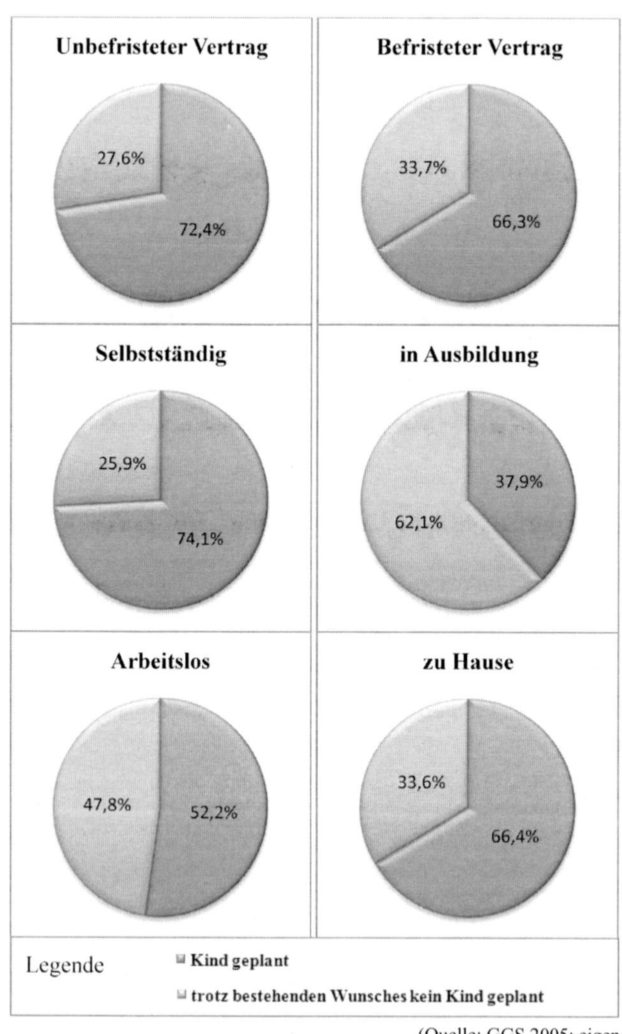

(Quelle: GGS 2005; eigene Berechnungen)

[55] Dazu sind die Fallzahlen nicht ausreichend.

Betrachtet man die Kreisdiagramme (Abbildung 5), fallen sofort Unterschiede zwischen den Berufssituationen auf. Die Realisierung eines bestehenden Kinderwunsches ist selbstverständlich abhängig von vielen, sicher auch ganz individuellen Gründen. Dennoch zeigen sich Effekte, die die vorausgegangenen, theoretischen Überlegungen stützen: Für Personen, die sich noch in ihrer Ausbildungsphase[56] befinden, ist es eher unüblich Kinder konkret zu planen. Arbeitslose scheinen, bezüglich der Planung von Kindern, in zwei annähernd gleich große Gruppen zu zerfallen: Je die Hälfte plant Kinder innerhalb der kommenden drei Jahre, beziehungsweise plant trotz bestehendem Kinderwunsch keine Kinder. Eine Differenzierung nach Geschlecht könnte hier eine Erklärung bieten. Im Vergleich zu den Arbeitslosen zeigt sich, dass Personen, die aus anderen Gründen zu Hause und nicht erwerbstätig sind,[57] häufiger ihren bestehenden Kinderwunsch realisieren. Mit über 70 Prozent zeigt sich, dass Selbstständige und unbefristet Beschäftigte am häufigsten ihren Kinderwunsch innerhalb von drei Jahren realisieren wollen. Die Hürden scheinen bei diesen beiden Beschäftigungsverhältnissen am geringsten zu sein. Hiervon unterscheiden sich befristet Beschäftigte. Der Anteil derer, die trotz bestehendem Kinderwunsch keine Kinder für die kommenden drei Jahre planen, ist größer. Dies könnte ein Ausdruck der unsichereren Berufssituation sein.

Bezüglich der subjektiven Beurteilung der Arbeitsplatzsicherheit zeigen sich keine nennenswerten Effekte auf den Kinderwunsch.[58] Auch die Planung eines Kindes innerhalb von drei Jahren scheint nicht mit der Zufriedenheit mit der Arbeitsplatzsicherheit zusammen zu hängen.[59] Es wird sich zeigen, ob im Rahmen der logistischen Regression Effekte von der subjektiven Beurteilung der Arbeitsplatzsicherheit auf den Kinderwunsch und die Planung eines Kindes innerhalb der nächsten drei Jahre ausgehen.

Da sich die unbefristet Beschäftigte und befristet Beschäftigte am besten bezüglich ihrer Beschäftigungssicherheit unterscheiden lassen, sollen anhand dieser zwei Gruppen einige Kontrollvariablen betrachtet werden.[60] Wolfram Brehmer und Hartmut Seifert weisen darauf hin, dass die Beschäftigungsstabilität durch Befristung erheblich gefährdet ist (ebd. 2008: 516). Vorsichtig muss man bei der Angabe „arbeitslos“ in Abgrenzung zur Angabe „Hausfrau“ sein. In Westdeutschland, wo das „male-breadwinner Modell“ akzeptiert ist, betiteln sich Frauen lieber als Hausfrau als in Ostdeutschland (Kreyenfeld 2010: 355).

---

[56] Auszubildende, Schüler, Studenten, Wehrdienst oder Zivildienstleistende.

[57] als Hausfrau, -mann oder in Mutterschutz bzw. Erziehungszeit.

[58] vgl. Anhang Tabelle 14, S. 120

[59] vgl. Anhang Tabelle 15, S. 120

[60] Die Deskription bezieht sich nur auf abhängig Beschäftigte Personen, das sind 1748 Personen (60%) der Stichprobe.

Zunächst sollen die Geschlechter getrennt voneinander betrachtet werden. Ist der Einfluss der Vertragsform auf die Realisierung eines Kinderwunsches bei Frauen und Männern unterschiedlich stark, vielleicht sogar gegensätzlich? Betrachtet man zunächst den Kinderwunsch, zeigt sich dass dieser mit je etwa 25 Prozent bei den Männern und Frauen der Stichprobe recht gleichverteilt ist.[61] Es zeigen sich aber Unterschiede nach Vertragsform. Bei beiden Geschlechtern ist der Kinderwunsch von befristet Beschäftigten um 14 Prozentpunkte höher als bei der unbefristeten Vergleichsgruppe. Dies könnte daran liegen, dass befristet Angestellte ihren Kinderwunsch länger aufschieben. Auch für die Planung eines Kindes innerhalb der nächsten drei Jahre lassen sich keine geschlechtsspezifischen Unterschiede feststellen.[62] Unterschieden nach unbefristeten und befristeten Vertag, zeigt sich, dass ein befristeter Vertag bei Männern und Frauen die Planung eines Kindes etwas reduziert. Dieser Effekt zeigt sich bei Frauen stärker als bei den Männern (vgl. Abbildung 6). Dass die Geschlechterunterschiede nicht größer sind, scheint den Hypothesen 1 a,b und 11 a,b zu widersprechen. Gerade die Einschränkung auf abhängig Beschäftigte scheint die Geschlechterunterschiede aufzuweichen. Ob die logistische Regression den Interaktionseffekt stützt oder ebenfalls widerlegt, wird sich zeigen (s.u.).

[61] vgl. Anhang Tabelle 16, S. 120
[62] vgl. Anhang Tabelle 17, S. 121

Abbildung 6: Planung eines (weiteren) Kindes nach Vertragsform und Geschlecht

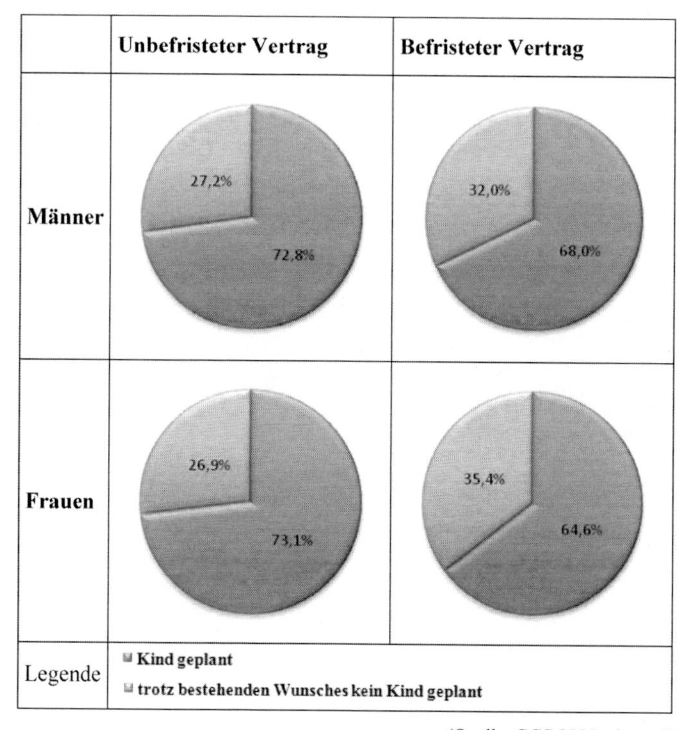

(Quelle: GGS 2005; eigene Berechnungen)

Differenziert man die Deskription nach dem Alter der Befragten zeigen sich stärkere Unterschiede.[63] Der Anteil der Personen mit Kinderwunsch liegt sowohl bei den 18 bis 25-jährigen wie auch bei den 26 bis 33-jährigen bei etwas über 50 Prozent. Bei den 34 bis 41-jährigen liegt der Anteil unter 20 Prozent.[64] Ursächlich dafür ist sicherlich, dass die Wahrscheinlichkeit einer Elternschaft mit dem Alter zunimmt und hier nicht kontrolliert wurde. Zudem fällt auf, dass mit dem Alter die Differenz des Kinderwunsches von unbefristeten und befristeten Beschäftigten größer wird. Auch bei der Betrachtung der Planung eines Kindes innerhalb von drei Jahren zeigen sich die Altersgruppen unterschiedlich: Eine Realisierung des Kinderwunsches scheint, wenig erstaunlich, mit dem Alter zuzunehmen.[65] Die Unterschiede nach Arbeitsvertragsart ist bei den 18 bis 25jährigen sowie der 26 bis 33jährigen nicht stark, ent-

[63] vgl. Anhang Tabelle 18, S. 121
[64] Aufgrund der geringen Fallzahl der 42 bis 49-jährigen mit Kinderwunsch oder Planung eines Kindes werden diese hier nicht betrachtet.
[65] vgl. Anhang Tabelle 19, S. 121

spricht sogar eher der Umkehrung der Hypothese. Bei den 34 bis 41jährigen hingegen ist der Einfluss der Vertragsart auf die Planung eines Kindes stark zu sehen. Ein befristeter Vertag hemmt demnach die Realisierung eines Kinderwunsches gerade bei Älteren.[66] Aufgrund der sehr kleinen Fallzahl (< 20), ist diese statistische Zusammenhang allerding nur vorsichtig als Tendenz zu betrachten, die näheren Analysebedarf aufzeigt (vgl. Abbildung 7).

Abbildung 7: Planung eines (weiteren) Kindes nach Vertragsform und Alter

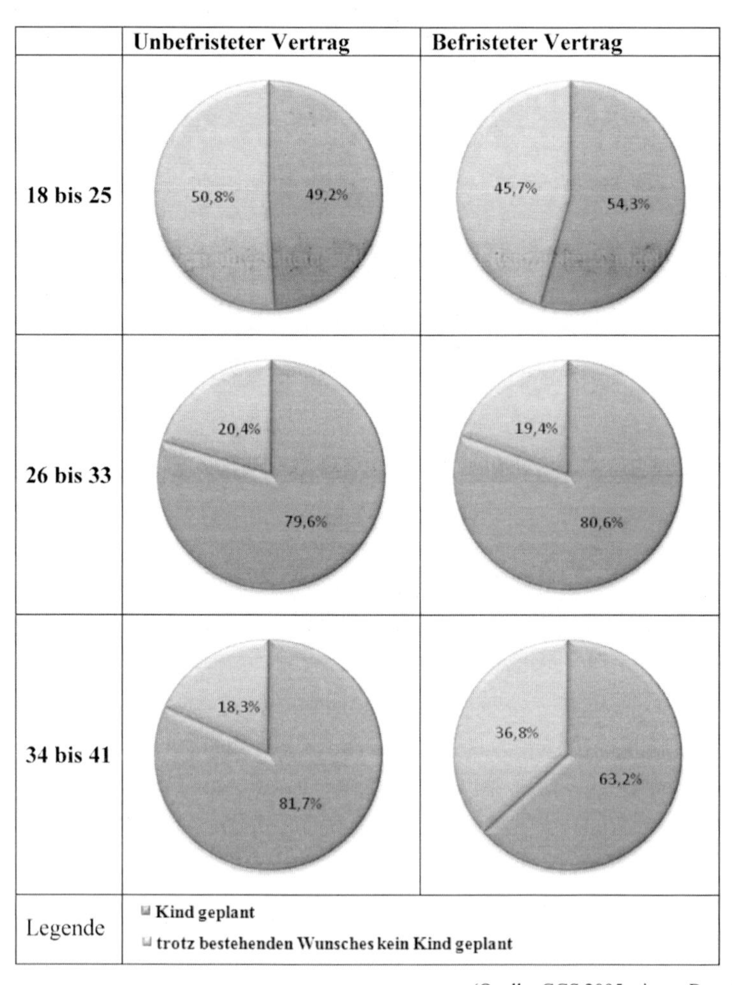

(Quelle: GGS 2005; eigene Berechnungen)

[66] bezogen auf das Kinderkriegen

Auch die Fallzahl der Ostdeutschen, abhängig Beschäftigten mit Kinderwunsch ist in der Stichprobe nicht besonders groß. Unterschieden nach Vertragsart sind es unter 30 befristet Angestellte, was Aussagen zur Wirkung dieser auf die Planung eines Kindes nicht ermöglicht. Betrachtet man nur den Kinderwunsch unterschieden nach West- und Ostdeutschland, zeigt sich, dass dieser in Westdeutschland fast sieben Prozentpunkte größer ist.[67] Auffällig, wenn auch vorsichtig zu interpretieren, ist, dass die Differenz der Kinderwünsche von nach Vertragsart in Ostdeutschland kaum, im Westdeutschland mit 16 Prozentpunkten stark unterscheidet. Man kann vermuten, dass der Aufschub eines Kinderwunsches aufgrund einer befristeten Anstellung in Westdeutschland üblicher ist. Für Westdeutschland zeigt sich zudem kein großer Unterschied bei der Planung eines Kindes, der auf die Vertragsart zurückzuführen wäre.[68] Das beruht vermutlich darauf, dass diese Gruppeneinteilung zu weit gefasst wurde und daher sehr heterogen ist. So wird hier zum Beispiel nicht nach Schulbildung differenziert. Gerade diesbezüglich zeigen sich aber Unterschiede.[69] Von den Befragten mit Haupt- und Realschulabschluss wünschen sich etwas über 20 Prozent (weitere) Kinder. Der Wunsch bei (Fach-)Abiturienten ist hingegen 10 Prozentpunkte höher. Vergleicht man den Kinderwusch der drei Bildungsgruppen nach Vertragsart, zeigt sich dass dieser bei Realschulabsolventen und (Fach-)Abiturienten um 10 Prozentpunkte unterscheidet. Bei Hauptschulabsolventen wünschen sich befristet Beschäftigte sogar 20 Prozentpunkte häufiger ein (weiteres) Kind, als unbefristet Beschäftigte. Vergleicht man die Bildungsgruppen im Hinblick auf die Planung eines Kindes (bei vorhandenem Kinderwunsch) miteinander, fallen vor allem die (Fach-)Abiturienten auf.[70] Gerade bei dieser Gruppe ist der Unterschied von unbefristet und befristet Beschäftigten am größten. Die befristet und unbefristet Beschäftigten mit Realschulabschluss hingegen unterscheiden sich, wenn sie einen Kinderwunsch haben, kaum bezüglich der Planung eines Kindes. Bei den Hauptschulabsolventen zeigt sich wiederum eine Differenz zwischen den Vertragsarten. Interessanterweise verhält sich dieser entgegengesetzt zur Annahme: befristet Beschäftigte mit Hauptschulabschluss planen häufiger ihren Kinderwunsch, als unbefristet Beschäftigte. Dies deutet auf einen Interaktionseffekt hin (vgl. Abbildung 8).

[67] vgl. Anhang Tabelle 20, S. 122
[68] vgl. Anhang Tabelle 21, S. 122
[69] vgl. Anhang Tabelle 22, S. 122
[70] vgl. Anhang Tabelle 23, S. 122

Abbildung 8: Planung eines (weiteren) Kindes nach Vertragsform und Schulabschluss

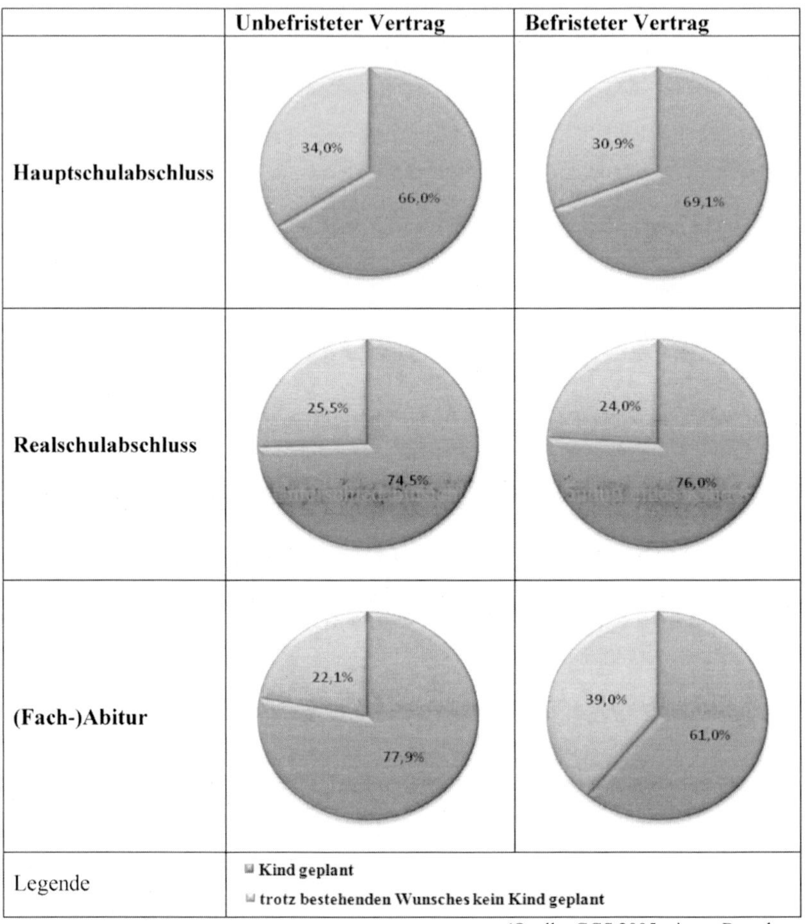

(Quelle: GGS 2005; eigene Berechnungen)

Bisher vernachlässigt, aber dennoch wichtig, ist die Differenzierung von Kinderlosen und Eltern. Denn ob jemand einen (weiteren) Kinderwunsch hat und auch ob jemand ein (weiteres) Kind innerhalb von drei Jahren plant, ist davon geprägt ob bereits eine Elternschaft vorliegt. Während der allgemeine Kinderwunsch mit einer Elternschaft abnimmt, steigt die Wahrscheinlichkeit einer Planung bei bestehendem Kinderwunsch.[71] Dass der Kinderwunsch von Kinderlosen, die abhängig beschäftigt sind, mit 49,6 Prozent deutlich über dem der Eltern (14,4%) liegt verwundert daher nicht. Während bei Kinderlosen der Kinderwunsch nach Ver-

[71] vgl. Anhang Tabelle 24, S. 123 und Tabelle 25, S. 123

tragsart fast gleich verteilt ist, unterscheiden sich Eltern diesbezüglich stark. Auch wenn die Fallzahlen sehr unterschiedlich sind[72], zeigt sich, dass der weitere Kinderwunsch bei befristet Beschäftigten Eltern deutlich größer ist, als bei unbefristet Beschäftigten. Die Realisierung der gewünschten endgültigen Kinderzahl scheint bei den unbefristet Beschäftigten weiter vorangeschritten zu sein. Dies könnte allerdings auch ein Alterseffekt sein. Bei der Planung eines Kindes innerhalb der nächsten drei Jahre zeigen sich ebenfalls Unterschiede. Die Vertragsart scheint für Kinderlose eine stärkere Bewandtnis zu haben, als für Eltern (vgl. Abbildung 9).

Abbildung 9: Planung eines (weiteren) Kindes nach Vertragsform und Elternschaft

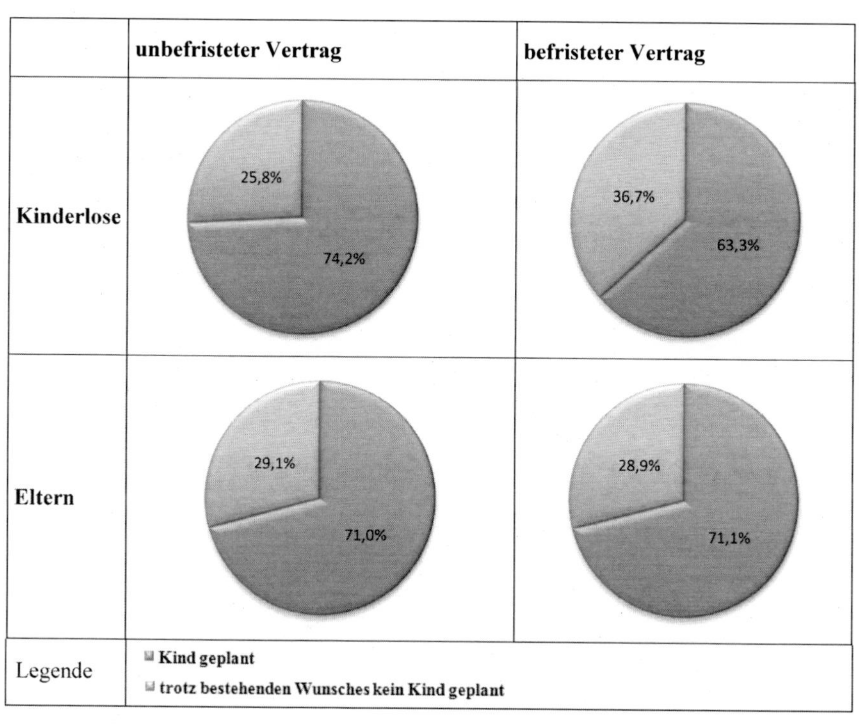

(Quelle: GGS 2005; eigene Berechnungen)

Differenziert man die Betrachtungen nach dem Haushaltseinkommen der Befragten, zeigt sich, dass der Kinderwunsch mit dem Haushaltseinkommen steigt.[73] Dies wird allerdings an dem stark korrelierenden und nicht kontrollierten Alterseffekt liegen. Auch der Anteil der

[72] Eltern mit unbefristeten Vertrag = 134; Eltern mit befristeten Vertrag = 38.
[73] vgl. Anhang Tabelle 26, S. 123 und Tabelle 27, S. 124

Eltern steigt vermutlich mit dem Haushaltseinkommen. Da 220 Angaben zum monatlichen Haushaltseinkommen fehlen[74], ist es an dieser Stelle nicht möglich, weitere Aussagen über den Kinderwunsch und die Planung eines Kindes innerhalb von drei Jahren in Abhängigkeit von der Vertragsart zu machen.

Der Unterschied nach der Institutionalisierung der Partnerschaft ist nicht auffällig. Der Kinderwunsch ist bei den Befragten mit Partnerschaft ohne gemeinsamer Haushaltsführung, sowie bei den unverheirateten die gemeinsam in einem Haushalt leben etwas über 40 Prozent.[75] Bei den verheirateten, die gemeinsam mit ihrem Partner einen Haushalt führen, ist dieser mit unter 20 Prozent deutlich geringer. Auch hier sind sicherlich Altersunterschiede verantwortlich, zudem sind gerade Eltern häufig verheiratet. Auffällig allerdings ist, dass der Unterschied zwischen den Vertragsarten bei verheirateten, die sich einen Haushalt teilen am größten ist. Bei den befristet Beschäftigte ist der (weitere) Kinderwunsch um 19 Prozentpunkten höher, als bei den unbefristet Beschäftigten. Es scheint, dass gerade Verheiratete, die unbefristet beschäftigt sind, ihre Kinderwünsche bereits zu einem großen Teil realisiert haben. Bezüglich der Planung eines Kindes innerhalb der nächsten drei Jahre zeigen die Partnerschaftsformen keine starken Unterschiede nach Vertragsart.[76] Die größte Differenz zeigt sich bei den Paaren ohne gemeinsamen Haushalt.

[74] Abhängig Beschäftigte, die zu der Frage f100900: „Nennen Sie mir die ungefähre Spanne, in der der Betrag liegt, den Ihr Haushalt monatlich erhält“ keine Angabe machten oder weiß nicht antworteten (TNS-Infratest 2005: 644).

[75] vgl. Anhang Tabelle 28, S. 124

[76] vgl. Anhang Tabelle 29, S. 124

7. Die Ergebnisse der multivariaten Datenanalyse

Nach der deskriptiven Analyse folgt jetzt die multivariate Datenauswertung. Die Untersuchungen gehen der Frage nach, wie die unabhängigen Variablen die Wahrscheinlichkeiten für die beiden Ausprägungen der anhängigen Variable beeinflussen. Welche Faktoren beeinflussen wie stark den Kinderwunsch (Schritt 1) beziehungsweise die Planung von Kindern innerhalb von drei Jahren (Schritt 2). Beide abhängigen Variablen sind nominal skaliert und binär codiert (ja/nein). Die Berechnung von logistischen Regressionsmodellen ist daher geboten (Best/Wolf 2010: 828). Um statistische Zusammenhänge zwischen einer abhängigen und (einer oder) mehreren unabhängigen Variablen quantitativ zu erklären oder zu beschreiben, bedient man sich der Regressionsanalyse. Ergebnis einer Regressionsanalyse ist immer (nur) eine Korrelation zwischen Variablen. Ob diese auch kausal zusammenhängen kann nicht zweifelsfrei berechnet werden, sondern muss von plausiblen Vorüberlegungen gestützt werden. Eine sachlogische Modellformulierung, bezüglich der abhängigen und möglichen unabhängigen Variable(n), muss unbedingt der Berechnung vorausgehen. Dies wurde im vorangegangenen Teil des Buches gemacht. Da die zu untersuchenden abhängigen Variablen nicht metrisch sind, wird als strukturprüfendes Verfahren auf die logistische Regression zurückgegriffen. Mit dieser kann, im Gegensatz zur linearen Regressionsanalyse, die Eintrittswahrscheinlichkeiten der Werte von nominalen, abhängigen Variable berechnet werden. Die Eintrittswahrscheinlichkeiten sind von den unabhängigen Variablen abhängig, und sollen später interpretiert werden. Für die hier vorliegenden dichotomen Variablen eignet sich das binär logistische Modell; dieses findet bei der Betrachtung von Komplementärereignissen Anwendung. Da die Eintrittswahrscheinlichkeiten (P) für die beiden möglichen Werte einer binären abhängigen Variable sich per Definition zu 1 addieren müssen, gilt stets:

$$P(y=0) + P(y=1) = 1$$

Ziel von Regressionsanalysen ist die Quantifizierung funktionaler Zusammenhänge der verwendeten Variablen. Es wird ein Modell gesucht, das die abhängige Variable möglichst genau erklärt (Diaz-Bone 2006: 232; Backhaus et al. 2011: 250ff). Logistische Regressionen dienen der Erklärung von Gruppenunterschieden. Variablen, die diese bestimmen sowie die Stärke und die Richtung des Zusammenhangs, sollen identifiziert werden. Die Gruppenzugehörigkeitswahrscheinlichkeit und deren Veränderungen bei anderer Variablenwahl kann berechnet werden. Die Anwendungsvoraussetzungen der logistischen Regression sind weniger streng als die der linearen Regression. Wichtig ist aber, dass die unabhängigen, erklärenden Variablen (= Regressoren) nicht zu sehr miteinander korrelieren (= Multikollinearität), da sonst die Schätzungen verzerren können und erhöhte Standardfehler auftreten. Zudem müssen sie entweder metrisch sein oder ebenfalls dichotom kodiert sein. Die Fallzahlen pro Kategorie sollten zudem nicht zu ungleich oder zu klein (< 25) sein. Ab 100 Beobachtungen sind die Ergebnisse allerdings zuverlässiger. Die abhängige Variable kann dichotom sein, dann erfolgt eine binär logistische Regression oder aber auch multinominal, dann wird das Verfahren der multinominalen Regression angewendet (Diaz-Bone 2006: 232; Fromm 2010: 107ff).

Ziel der binär logistischen Regression ist die Schätzung der Wahrscheinlichkeit der Ausprägung 1 der abhängigen Variable, also P(y=1). Für die Berechnung ist es wichtig den Wertebereich der Regressionskoeffizienten (β), ausgehend von der linearen Regressionsgleichung, auf $-\infty$ bis $+\infty$ zu erweitern um den Wahrscheinlichkeitsverlauf abbilden zu können. Nach der Umstellung von der Berechnung von Wahrscheinlichkeiten auf Odds[77] und deren Logarithmus (Logit) ergibt sich folgende Gleichung der logistischen Regression (vgl.: Fromm 2010: 110f; vgl.: Best/Wolf 2010: 829f):

$$P(y=1) = \frac{e^{\beta_0+\beta_1 x_1+\beta_2 x_2+\cdots+\beta_k x_k}}{1+e^{\beta_0+\beta_1 x_1+\beta_2 x_2+\cdots+\beta_k x_k}} = \frac{e^{\text{Logit}}}{1+e^{\text{Logit}}}$$

(Quelle: Best/Wolf 2010: 830)

Die β-Koeffizienten[78] sind inhaltlich nicht zu interpretieren, allerdings kann die Richtung des Zusammenhangs abgelesen werden. Bei steigenden x-Werten steigt die Wahrscheinlichkeit bei positiven β-Koeffizienten und sinkt bei negativen. Das entlogarithmierte Odds-Ratio (= Effektkoeffizient) hingegen eignet sich als Maß für die Interpretation der Stärke des Zusammenhangs. Dieser Wert vergleicht die Verhältnisse der Chancen für das Eintreten, im Vergleich zum Nichteintreten von P(y=1) für verschiedene Werte der unabhängigen Variable. Das Odds-Ratio hat einen Wertebereich von 0 bis $+\infty$, wobei Wahrscheinlichkeitsverhältnis bei Werten > 1 steigt, < 1 sinkt und bei 1 gleich bleibt (Fromm 2010: 113ff; Backhaus et al. 2011: 263f).

[77] Odds geben „(…) das Verhältnis der Eintrittswahrscheinlichkeit zur Gegenwahrscheinlichkeit (…)“ an (Best/Wolf 2010: 829).

[78] Zur Schätzung der logistischen Regressionskoeffizienten verwendet man die Maximum-Likelihood-Methode (vgl.: Best/Wolf 2010: 836).

Der Modellaufbau der logistischen Regressionsanalysen soll jeweils in drei Blöcken erfolgen.[79] Zunächst fließen verschiedene Variablen der Arbeitssituation in das Modell ein (Block 1; Methode Einschluss). Da der Zusammenhang in logistischen Regressionen nicht linear oder additiv sein muss, kann der Effekt einer unabhängigen Variable auf die Wahrscheinlichkeit der abhängigen von der Ausprägung einer weiteren Variablen – Drittvariable –, abhängen. Es ist davon auszugehen, und aus der Literatur bekannt, dass neben den berufsspezifischen erklärenden Variablen weitere Variablen den Kinderwunsch und die Planung eines Kindes beeinflussen und zur Modellspezifizierung beitragen können. Diese Kontrollvariablen, hier Alter, Schulbildung, monatliches Haushaltseinkommen, Region (Ost- bzw. Westdeutschland), Elternschaft (ja/nein) sowie Institutionalisierung der Partnerschaft (getrennte Haushalte, gemeinsamer Haushalt und nicht verheiratet bzw. gemeinsamer Haushalt und verheiratet) werden daher in einem weiteren Block (2; Methode schrittweise) überprüft. Variiert der Zusammenhang zwischen zwei Variablen mit der Kategorie einer Drittvariable spricht man von einem Interaktionseffekt. Aufgrund der theoretischen Vorüberlegungen kann davon ausgegangen werden, dass das Geschlecht für die späteren Berechnungen als Interaktionseffekt gesondert betrachtet werden muss. Der Einfluss der beruflichen Unsicherheit auf den Kinderwunsch oder die Planung eines (weiteren) Kindes wirkt sich, so die theoretischen Überlegungen und der Forschungsstand, bei den Geschlechtern unterschiedlich aus. Der Kinderwunsch und auch die Umsetzung profitieren von stabilen beruflichen Verhältnissen der Männer, während sich dies bei den Frauen negativ auswirkt. Aufgrund des vermuteten Interaktionseffektes werden die Daten für Männer und Frauen getrennt voneinander analysiert (Diekmann 2005: 608; Best/Wolf 2010: 840; Fromm 2010: 143). Zudem wird davon ausgegangen, dass die Wirkung der berufsspezifischen Merkmale auch abhängig von der Schulbildung einer Person, insbesondere bei Frauen, ist. In unsicherer beruflicher Situation meiden höher gebildete Frauen die Planung eines Kindes, während weniger gebildete gerade dann Mütter werden. In einem letzten Block (3; Methode schrittweise) soll daher auch die Variable Schulbildung auf Interaktionseffekte untersucht werden (Kreyenfeld 2010: 351).

Die Methode „Einschluss“ hat den Vorteil, dass alle Variablen gemeinsam in die Analyse einbezogen werden. Es gehen also keine interessanten Variablen verloren, wenn sie nicht signifikant sind. Nachteilig allerding ist, dass Multikollinearität nicht identifiziert werden kann. Um dies zu vermeiden bedient man sich der Methode „schrittweise“, die die Variable anhand von statistischen Kennzahlen auf ihre Korrelation mit der abhängigen Variable prüft und

[79] Es werden insgesamt 6 Regressionsanalysen durchgeführt; für die Berufssituation, die Beschäftigungssituation und die subjektive Beurteilung jeweils für die zwei abhängigen Variablen.

nacheinander, der Stärke nach, in das Modell aufnimmt. Für die Überprüfung des Einflusses der Kontrollvariablen und des Interaktionseffektes eignet sich diese Methode. Die Modellgüte wird im Folgenden anhand des zweifach negativen Logarithmus der Likelihood Funktion[80] beurteilt. Nimmt deren Wert ab, verbessert sich die Vorhersagekraft des Modells. Auch Nagelkerkes Pseudo R^2 [81] ist ein Maß für die Modellgüte, es ist ein Bestimmtheitsmaß. Dieses gibt also die erklärte Varianz der logistischen Regression an (Best/Wolf 2010: 838ff; Fromm 2010: 123). Als Datengrundlage dienen die Interviews des GGS der oben beschriebenen Stichprobe.

7.1 Der Einfluss der Berufssituation

Die Berufssituation gibt Auskunft darüber, ob der/die Befragte einen unbefristeten oder befristeten Vertag hat, selbstständig ist, sich noch in der Ausbildungsphase (Auszubildende, Schüler, Studenten, Wehrdienst- oder Zivildienstleistende) befindet oder ob der/die Befragte nicht arbeitet und arbeitslos ist oder aus anderen Gründen zu Hause (Hausfrau, -mann oder in Mutterschutz bzw. Erziehungszeit) ist. Bezogen auf die zukünftige Entwicklung der eigenen Beschäftigungsbiografie kann gesagt werden, dass unbefristet Beschäftigte und mit Einwänden Selbstständige diese besser vorhersehen können als befristet Beschäftigte, Arbeitslose oder Personen, die zu Hause sind. Die Ausbildungsphase ist ebenfalls durch eine unsichere Zukunftsperspektive gekennzeichnet, in der die konkrete Planung von Kindern allgemein unüblich ist. Die unbefristet Beschäftigten und befristet Beschäftigten lassen sich bezüglich ihrer Beschäftigungssicherheit am besten unterscheiden. Für die ersten zwei Regressionsmodelle ist die Beschäftigungssituation die interessierende, erklärende Variable der abhängigen Variablen. Auf Block 1, folgen die Blöcke 2 mit den Kontrollvariablen und 3 mit dem Interaktionseffekt. Als abhängige Variable wird erst der Kinderwunsch (vgl. Tabelle 3) und anschließend die Planung eines Kindes innerhalb von drei Jahren betrachtet (vgl. Tabelle 4).

[80] -2LL
[81] Pseudo-R^2 (NK)

Tabelle 3: Der Einfluss der Berufssituation auf den Kinderwunsch (Odds-Ratio)

	Männer: 1		Männer: 2		Frauen: 1		Frauen: 2	
Unbefristet Beschäftigt	1		1		1		1	
Befristet Beschäftigt	2,063	***	1,121		1,971	***	1,142	
Selbstständig	1,210		1,167		0,721		0,839	
In Ausbildung[1]	2,543	***	0,502	**	3,059	***	0,185	***
Arbeitslos	1,486	°	1,327		1,341		0,895	
Zu Hause[2]	1,601		2,167		1,205		1,189	
Verheiratet & gem. HH[3]			1				1	
Nicht verheiratet & gem. HH			0,795				0,950	
Kein gem. HH[4]			0,363	***			0,515	**
(Fach-)Abitur			1				1	
Realschulabschluss			0,554	***			0,409	***
Hauptschulabschluss			0,729	°			0,366	***
Kinderlose (*Eltern)*			2,772	***			3,140	***
Alter			0,887	***			0,831	***
Konstante	-1,202	***	3,251	***	-1,164	***	5,530	***
Pseudo-R^2 (NK)	0,031		0,247		0,033		0,416	
Modellanpassung (-2LL)	1526,696		1307,700		1660,930		1205,023	
N	1086		1086		1601		1601	

°,*,**,*** signifikant mit max. 10%, 5%, 1%, 0,1% Irrtumswahrscheinlichkeit

Kursiv = Referenzkategorien

[1] Auszubildende, Schüler, Studenten, Wehrdienst- oder Zivildienstleistende

[2] Hausfrau, -mann oder in Mutterschutz bzw. Erziehungszeit

[3] gem. HH = gemeinsamer Haushalt

[4] verheiratete und nicht verheiratete

(Quelle: GGS 2005; eigene Berechnungen)

Die Ergebnisse, dieses ersten Regressionsmodells, beziehen sich auf die Bedeutung der einzelnen Variablen für das Vorhandensein eines Kinderwunsches. Die Spalten eins und zwei betrachten dabei nur die männlichen Befragten, Spalten drei und vier hingegen nur die weiblichen. Dies ermöglicht einen direkten Vergleich der geschlechtsspezifischen Wirkung der Variablen und lässt Erkenntnisse zu einem möglichen Interaktionseffekt zu.

Betrachtet man für beide Geschlechter zuerst das Modell 1, also nur die Variable Berufssituation, zeigt sich jeweils ein sehr hoher Kinderwunsch bei den Personen in Ausbildung. Dieser ist im Vergleich zu unbefristet Beschäftigten 2,5- beziehungsweise 3-mal so hoch. Auch die befristet Beschäftigten fallen durch einen ungefähr doppelt so häufigen Kinderwunsch, im

Vergleich zur Referenzgruppe der Unbefristeten, auf. Beide Ergebnisse sind zudem hochsignifikant. Allerdings fehlen, bei dieser ersten Betrachtung, die Kontrollvariablen. Das Haushaltseinkommen und die Region (West-/Ostdeutschland) haben für beide Geschlechter keine Relevanz, verbessern also nicht das Modell und werden daher nicht in die Regressionsgleichung aufgenommen. Die übrigen Kontrollvariablen führen aber zu einer deutlichen Verbesserung des Modells (2). Die Varianzaufklärung (R^2) verbessert sich von 0,03 auf 0,25 bei den Männern und sogar auf 0,42 bei den Frauen und auch der -2 Log-Likelihood Wert wird kleiner. Diese relativieren allerdings den Einfluss der Berufssituation auf den Kinderwunsch. Die Kontrollvariablen erklären demnach die Wahrscheinlichkeit, dass es einen Kinderwunsch gibt, besser als die Berufssituation. Insbesondere das Alter, das im schrittweisen Modell als erstes aufgenommen wurde, stellt eine entscheidende Variable dar. Mit steigendem Alter reduziert sich der Kinderwunsch beider Geschlechter signifikant. Gerade das Alter ist allerdings auch ein entscheidender Faktor für die Beschäftigungssituation. Wie bereits beschrieben wurde, sind jüngere Menschen in befristeten Beschäftigungen überrepräsentiert. Der Unterschied hinsichtlich des Kinderwunsches zwischen Personen mit guter und schlechter Beschäftigungssituation liegt daher sehr wahrscheinlich darin, dass diejenigen mit guter Beschäftigungssituation im Durchschnitt ein höheres Alter haben. Eine für den Kinderwunsch entscheidende Variable, ist das Vorhandensein von Kindern. Bei Kinderlosen ist die Wahrscheinlichkeit eines Kinderwunsches deutlich höher als bei Eltern. Betrachtet man den Einfluss des Schulabschlusses auf die abhängige Variable kann, festgehalten werden, dass die Wahrscheinlichkeit eines Kinderwunsches bei Frauen mit der Bildung abnimmt. Dies erklärt sich daraus, dass mit abnehmender Bildung der Anteil der Verheirateten und Eltern steigt; zudem haben sie durchschnittlich mehr Kinder und sind in der Stichprobe älter.[82] Für das männliche Geschlecht zeigen sich die Wahrscheinlichkeitsverhältnisse wider Erwarten nicht linear. Die Kinderwunschwahrscheinlichkeit ist bei Real- und Hauptschabsolventen geringer als bei (Fach-)Abiturienten, bei Hauptschulabsolventen nicht aber – wie zu erwarten gewesen wäre – geringer als bei Realschulabsolventen. Dennoch zeigt sich auch bei Männern, dass mit abnehmender Bildung der Anteil der Verheirateten und Eltern steigt; zudem haben sie durchschnittlich weniger Kinder und sind in der Stichprobe jünger. Auffallend ist allerdings, dass nur sehr wenige (unter 4%) der männlichen Hauptschulabsolventen in Ostdeutschland wohnen, während die Realschulabsolventen zu 37 Prozent in Ostdeutschland wohnen. Eventuell hat dies Auswirkungen auf die Odds-Ratio; denn für die Stichprobe ist der allgemeine Kin-

[82] dies wurde anhand von Häufigkeitsverteilungen überprüft.

derwunsch der Ostdeutschen geringer als der der Westdeutschen.[83] Für Frauen ist die Differenz zwischen Ostdeutschen mit Real- beziehungsweise Hauptschulabschluss kleiner. Der Einfluss der Variable „Institutionalisierung der Partnerschaft" hingegen entspricht den Erwartungen: die Wahrscheinlichkeit eines Kinderwunsches steigt bei beiden Geschlechtern mit dem Grad der Institutionalisierung. Insbesondere Personen in Partnerschaften mit getrennten Haushalten wünschen sich deutlich seltener Kinder als die mit gemeinsamem Haushalt. Der Effekt, und somit die Bedeutung der Partnerschaftsform, ist dabei bei Männern stärker als bei Frauen.

Für die Variablenausprägungen der Berufssituation ist der Einfluss auf den Kinderwunsch nicht signifikant. Eine Ausnahme bildet dabei allerdings die Ausbildungsphase. Für die Variablenausprägung „Ausbildung" zeigt sich, mit Berücksichtigung der Kontrollvariablen, eine hochsignifikante Reduzierung des Kinderwunsches; im Vergleich zu den unbefristet Beschäftigten verringert sich die Chance um 50 Prozent bei den Männern und sogar mehr als 80 Prozent bei den Frauen. Die Hypothese 1c kann daher bestätigt werden. Für beide Geschlechter wirkt sich die Ausbildungsphase auf die Wahrscheinlichkeit eines Kinderwunsches negativ aus, die Wirkung ist zudem bei Frauen stärker als bei Männern. Für die anderen Variablenausprägungen der Berufssituation sind die Ergebnisse nicht signifikant. Die Nullhypothese, dass kein Zusammenhang zwischen Kinderwunsch und Berufssituation besteht, kann daher nicht abgelehnt werden. Die Hypothesen 1a und 1b können für die Grundgesamtheit nicht aufrecht erhalten werden. Vergleicht man für beide Geschlechter befristet und unbefristet Beschäftigte, kann auch für die Stichprobe keine bedeutende Differenz der Odds-Ratio festgestellt werden. Die Werte für befristet Beschäftigte liegen, entgegen der Annahme, sogar leicht über dem der Unbefristeten. Für selbstständige Männer zeigt sich ein ähnliches Bild, während sich Selbständigkeit bei dem Kinderwunsch der Frauen reduzierend auswirkt. Auch bei die Arbeitslosen zeigt sich ein gegenläufiger Einfluss bei den Geschlechtern: für Männer erhöht sich die Wahrscheinlichkeit eines Kinderwunsches im Vergleich zu den Unbefristeten um fast 33 Prozent, für Frauen reduziert sie sich um etwa 10 Prozent. Frauen und Männer, die als Hausfrau beziehungsweise Hausmann, oder in Mutterschutz beziehungsweise Elternzeit zu Hause sind, wünschen sich häufiger ein Kind, als unbefristet Beschäftigte. Bei Männern verdoppelt sich die Wahrscheinlichkeit für das Vorliegen eines Kinderwunsches sogar. Eine entscheidende Frage ist, neben dem Alter, ob die Befragten Kinderlose oder Eltern sind. Neben der Kontrolle der Variable „Elternschaft", bietet sich daher eine Differenzierung des Einflus-

[83] insbesondere der weitere Kinderwunsch von Eltern.

ses der Berufssituation auf den Kinderwunsch von Eltern und Kinderlosen an. Dass Elternschaft einen starken Effekt auf den Kinderwunsch hat, zeigt sich in der Regression und auch in der vorangegangenen Kreuztabelle.[84] Die Vermutung liegt nahe, dass der Einfluss von der Berufssituation auf den Kinderwunsch bei Kinderlosen stärker wirkt als bei Eltern, die bereits ein Arrangement zwischen Kind(ern) und Beruf getroffen haben. Eine Wiederholung des beschriebenen Modells nur für Kinderlose, erbrachte allerdings ebenfalls keine signifikanten Ergebnisse. Mit Ausnahme der Ausbildungsphase, die unter Kontrolle der bekannten Variablen auch dann signifikant reduzierend auf den Kinderwunsch wirkt. Bei Männern zeigt sich dies weniger stark, bei Frauen hingegen stärker als im ersten Modell. Gerade für kinderlose Frauen in der Ausbildung würde ein Kind die weitreichendsten Folgen haben, die Ergebnisse sind daher plausibel. Interessant bei dieser Betrachtung ist, dass sich für kinderlose Männer eine negative Wirkung der Selbstständigkeit zeigt. Selbstständige kinderlose Männer wünschen sich zu 30 Prozent weniger Kinder als unbefristet Beschäftigte kinderlose Männer. Bei kinderlosen Frauen hingegen unterscheiden sich, entgegen dem ersten Modell, gerade die befristet Beschäftigten von den unbefristet Beschäftigten. Die Odds-Ratio von 0,549 beziehungsweise 1 (Referenzgruppe) weisen auf eine starke, allerdings nicht signifikante, reduzierende Wirkung befristeter Beschäftigungen auf den Kinderwunsch kinderloser Frauen hin. Es scheint, dass gerade Selbständigkeit für kinderlose Männer und Befristung für kinderlose Frauen (der Stichprobe) eine unsichere berufliche Situation darstellt. Das Chancenverhältnis für einen Kinderwunsch ist bei beiden Geschlechtern am größten, wenn sie als Hausfrau, -mann oder in Mutter beziehungsweise Elternzeit zu Hause sind. Bei Männern verdoppelt sich sogar das Odds-Ratio, im Vergleich zu unbefristet Beschäftigten. Vermutlich liegt das daran, dass diese Gruppe verhältnismäßig klein ist. Männer sind seltener nur zu Hause, aber wenn, dann wollen sie häufig Kinder. Die Kausalität besteht wahrscheinlich aber auch anders herum: wenn Männer Kinder wünschen, dann haben sie eine höhere Bereitschaft, zuhause zu bleiben. Bei den Frauen ist wahrscheinlich die Gruppe größer und weniger einheitlich; manche wollen (noch) ein Kind, andere wollen hingegen wieder arbeiten.

Für die Interaktionsvariable „Berufssituation*Bildung“ konnten bei beiden Geschlechtern, im dritten Block des Modellaufbaus, keine signifikanten Ergebnisse berechnet werden; diese werden daher nicht abgebildet. Eine bildungsspezifische Bedeutung der Berufssituation kann also nicht bestätigt werden.

[84] vgl. Anhang Tabelle 10, S. 118

Tabelle 4: Der Einfluss der Berufssituation auf die Planung eines Kindes (Odds-Ratio)

	Männer: 1		Männer: 2		Frauen: 1		Frauen: 2	
Unbefristet Beschäftigt	1		1		1		1	
Befristet Beschäftigt	1,810	**	1,240		1,522	°	0,880	
Selbstständig	1,353		1,270		0,506	°	0,553	
In Ausbildung[1]	0,724		0,230	***	1,563	°	0,208	***
Arbeitslos	0,540	*	0,542	°	1,377		1,107	
Zu Hause[2]	2,360		2,542		1,026		0,920	
Verheiratet & gem. HH[3]			1				1	
Nicht verheiratet & gem. HH			0,566	*			0,704	°
Kein gem. HH[4]			0,193	***			0,209	***
(Fach-)Abitur			1				1	
Realschulabschluss			0,605	**			0,466	***
Hauptschulabschluss			0,543	**			0,396	***
Kinderlose (*Eltern)*			3,276	***			2,990	***
Westdeutsch *(ostdeutsch)*			1,619	*			/	
Alter			0,907	***			0,857	***
Konstante	-1,590	***	1,801	**	-1,564	***	4,118	***
Pseudo-R2 (NK)	0,021		0,185		0,013		0,294	
Modellanpassung (-2LL)	1210,868		1071,007		1358,772		1083,840	
N	1086		1086		1601		1601	

°,*,**,*** signifikant mit max. 10%, 5%, 1%, 0,1% Irrtumswahrscheinlichkeit

Kursiv = Referenzkategorien
[1] Auszubildende, Schüler, Studenten, Wehrdienst- oder Zivildienstleistende
[2] Hausfrau, -mann oder in Mutterschutz bzw. Erziehungszeit
[3] gem. HH = gemeinsamer Haushalt
[4] verheiratete und nicht verheiratete

(Quelle: GGS 2005; eigene Berechnungen)

Entscheidender für die Geburtenzahlen ist allerdings nicht der allgemeine Kinderwunsch, sondern vielmehr die konkrete Planung eines Kindes. Diese ist voraussetzungsvoller. In Tabelle 4 bildet daher die Planung eines Kindes innerhalb von drei Jahren die abhängige Variable. Auch hier betrachten die ersten zwei Spalten die männlichen Befragten, die letzten zwei hingegen die weiblichen. Modell 1, das nur die Berufssituation einbezieht, zeigt dass gerade bei den Männern in Arbeitslosigkeit seltener ein Kind geplant wird. Bei den Frauen hingegen, wenn auch nicht signifikant, häufiger als bei der Vergleichsgruppe der unbefristet Beschäftigten. Für die Ausbildungsphase scheint hingegen ein gegenläufiger Trend vorzuliegen. Für Frauen zeigt sich insbesondere die Selbstständigkeit als nicht vereinbar mit der Planung eines Kindes. Auffällig und der Hypothese widersprechend, ist die Gruppe der befristet Beschäftigten. Deren Planungswahrscheinlichkeit ist im Vergleich zu den unbefristet Beschäftigten höher. Durch die Aufnahme der Kontrollvariablen verändert sich dies allerdings. Zudem verbessert sich auch hier das Modell (2), allerdings weniger stark als bei der abhängigen Variable „Kinderwunsch". Diese relativieren auch hier den Einfluss der Berufssituation auf den Kinderwunsch. Die Kontrollvariablen erklären demnach die Wahrscheinlichkeit, dass ein Kind für die nächsten drei Jahre geplant wird, besser als die Berufssituation. Das Haushaltseinkommen ist dabei nicht relevant. Aber das Alter stellt wieder eine entscheidende Variable dar. Mit steigendem Alter reduziert sich die Planungswahrscheinlichkeit beider Geschlechter signifikant. Gerade das Alter ist allerdings auch ein entscheidender Faktor für die Beschäftigungssituation. Wie bereits beschrieben wurde, sind jüngere Menschen in befristeten Beschäftigungen überrepräsentiert. Der Unterschied hinsichtlich der Planung eines Kindes zwischen Personen mit guter und schlechter Beschäftigungssituation liegt daher sehr wahrscheinlich darin, dass diejenigen mit guter Beschäftigungssituation im Durchschnitt ein höheres Alter haben. Interessant ist, dass im schrittweise aufgebauten Modell die Region in dem Modell der Männer aufgenommen wird. Westdeutsche Männer mit Kinderwunsch planen deutlich häufiger ein Kind innerhalb von drei Jahren, als Ostdeutsche. Vermutet hätte man eher einen umgekehrten Effekt. Ostdeutsche (Männer) mit Kinderwunsch realisieren und planen diesen häufiger und früher als Westdeutsche. Gerade aber die Berufssituationen sind in Ostdeutschland häufiger unsicher und könnten hier ausschlaggebend sein. Bei Frauen zeigt sich die Region als nicht bedeutsam. Ein entscheidender Faktor ist zudem die Kinderlosigkeit. Im Vergleich zu den Eltern ist das Wahrscheinlichkeitsverhältnis von Kinderlosen ein Kind zu planen ungefähr dreimal so hoch. Betrachtet man den Einfluss des Schulabschlusses auf die abhängige Variable, so zeigt sich, dass die Wahrscheinlichkeit einer Planung eines Kindes signifikant mit der Bildung abnimmt. Dies erklärt sich daraus, dass mit abnehmender Bildung der Anteil der Verheirateten und der Eltern steigt; zudem haben sie durchschnittlich mehr Kinder und sind in der Stichprobe älter.[85] Die Reduktion des Chancenverhältnisses durch geringere Bildung, ist bei Frauen stärker als bei Männern. Der Einfluss der Variable „Institutionalisierung der Partnerschaft" hingegen zeigt bei Männern einen stärkeren Einfluss als bei Frauen. Den Erwartungen entsprechend, steigt die Wahrscheinlichkeit einer Planung eines Kindes mit dem

[85] dies wurde anhand von Häufigkeitsverteilungen überprüft.

Grad der Institutionalisierung. Insbesondere Personen in Partnerschaften mit getrennten Haushalten planen deutlich seltener ein Kind, als die mit gemeinsamem Haushalt. Die Bedeutung der Partnerschaftsform ist bekanntermaßen für familiäre Planungen entscheidend.
Abgesehen von der Variablenausprägung „Ausbildung“ erscheint die Berufssituation auch in diesem Modell nicht signifikant. Die Planung eines Kindes in der Ausbildungsphase zeigt sich aber für beide Geschlechter höchst signifikant als nicht attraktiv. Im Vergleich zu den unbefristet Beschäftigten ist das Chancenverhältnis einer Kinderplanung um etwa 80 Prozent reduziert. Hypothese 11c kann somit bestätigt werden, da deren Nullhypothese abgelehnt werden kann. Auch für arbeitslose Männer kann die Hypothese (11a), dass sich eine unsichere berufliche Situation auf die Planung eines Kindes negativ auswirkt, bestätigt werden. Auf dem 90-prozentigen Signifikanzniveau kann ein Zusammenhang festgestellt werden. Arbeitslose Männer mit Kinderwunsch planen zu knapp 50 Prozent seltener ein Kind innerhalb der nächsten drei Jahre, als unbefristet Beschäftigte. Bei den Frauen zeigt sich der Effekt nicht. Das Odds-Ratio liegt nahe 1 und ist zudem nicht signifikant. Beim Kinderwunsch (s.o.) zeigt sich interessanterweise noch ein anderes Bild: Arbeitslosigkeit reduzierte die Wahrscheinlichkeit eines Kinderwunsches von Frauen, erhöht aber die von Männern. Arbeitslosigkeit scheint bei Männern zu einem Aufschub der Realisierung eines durchaus vorhandenen Kinderwunsches zu führen. Für Frauen hingegen reduziert sich durch Arbeitslosigkeit bereits der Kinderwunsch, der aber, wenn vorhanden, häufig realisiert wird. Für die übrigen Variablenausprägungen der Berufssituation können die Hypothesen 11a und 11b nicht bestätigt werden. Aufgrund der fehlenden Signifikanz können die Nullhypothesen, es bestünde kein Zusammenhang, nicht abgelehnt werden. Interessant ist dennoch, dass sich für die befristet Beschäftigten ein geschlechtsspezifischer Unterschied zeigt. Während bei den Männern das Chancenverhältnis im Vergleich zu den unbefristet Beschäftigten leicht steigt, sinkt es bei den Frauen. Diese gegensätzliche Tendenz der Geschlechter ist genau umgekehrt zu den Hypothesen 11a und 11b. Auch für die Planung eines Kindes wurde das beschriebene Regressionsmodell nur für die Befragten ohne Kinder wiederholt. Die Richtung des Zusammenhangs bleibt dabei gleich, die Odds-Ratio sind etwas kleiner. Es zeigt sich also, dass eine Befristung für Männer keinen starken Effekt auf die Planung eines Kindes hat. Für Frauen hingegen ist diese, im Vergleich zu einem unbefristeten Vertrag, reduziert. Dies könnte daran liegen, dass Frauen wenn sie berufstätig sind, sich in ihrem Beruf auch etablieren wollen. Durch eine Schwangerschaftsunterbrechung wird dieses Vorhaben erschwert. Für Männer besteht dieses Problem nicht. Auch Selbstständigkeit scheint sich gerade für Frauen nur schlecht mit Kindern, beziehungsweise hier mit der Planung von Kindern vereinen. Schwangerschaftsunter-

brechungen können durchaus geschäftsschädigend sein. Für Männer zeigt sich diese Problematik nicht. Betrachtet man allerding wieder nur die Kinderlosen, zeigt sich ebenfalls eine reduzierende, aber nicht signifikante Wirkung der Selbständigkeit. Für eine Familiengründung kann ein Einfluss der Unsicherheit behauptet werden. Das Chancenverhältnis für einen Kinderwunsch ist bei Männern am größten, wenn sie als Hausfrau, -mann oder in Mutter beziehungsweise Elternzeit zu Hause sind. Bei Männern ist das Odds-Ration, im Vergleich zu unbefristet Beschäftigten, sogar 2,5-mal größer. Dies deckt sich mit den Ergebnissen des Kinderwunsches. Bei den Frauen hingegen besteht der Effekt nicht. Der Wert liegt sogar leicht unter 1. Dies ist erstaunlich, da diese Frauen zu Hause sind, einen Kinderwunsch haben aber trotz niedriger Opportunitätskosten die Planung im Vergleich zu unbefristet Beschäftigten seltener ist. Vielleicht ist diese Gruppe auch hier zweigeteilt; Manche wollen zeitnah (noch) ein Kind, andere wollen zunächst wieder arbeiten.
Auch in diesem Model konnte zudem kein Interaktionseffekt der Bildung („Berufssituation*Bildung") festgestellt werden. Eine bildungsspezifische Bedeutung der Berufssituation kann daher ebenfalls nicht bestätigt werden.

7.2 Der Einfluss der Beschäftigungssituation

In zwei weitere Regressionsanalysen sollen nun verschiedene, die Beschäftigungssituation bestimmenden Variablen einbezogen werden. Von Interesse ist der Arbeitsrhythmus (das ganze Jahr regelmäßig oder unregelmäßig), die Lage der Arbeitszeit am Arbeitstag (regelmäßig tagsüber, nicht tagsüber oder unregelmäßig), die Zahl der Betriebsjahre, die Möglichkeit flexibler Arbeitszeitgestaltung, ob die Befragten Vollzeit oder Teilzeit arbeiten, wie viele Wochenstunden[86] sie arbeiten und ob ihre Arbeitsstelle ein privater oder öffentlicher Betrieb ist. Auf diesen ersten Block, folgt der zweite Block mit den Kontrollvariablen. Außer dem Geschlecht wird kein weiterer Interaktionseffekt vermutet und daher auch nicht überprüft. Als abhängige Variable wird auch hier erst der Kinderwunsch (vgl. Tabelle 5) und anschließend die Planung eines Kindes innerhalb von drei Jahren (vgl. Tabelle 6) betrachtet. Im Vergleich zu den vorangegangenen Analysen, fällt eine deutliche Reduktion der Fallzahlen (n) auf. Dies erklärt sich aus der Tatsache, dass für die Beschäftigungssituation nur die Berufstätigen relevant sind. Aufgrund vorgegebener Filter, wurden zudem nur abhängig Beschäftigte befragt.

[86] inklusive Überstunden

Tabelle 5: Der Einfluss der Beschäftigungssituation auf den Kinderwunsch (Odds-Ratio)

		Männer: 1		Männer: 2		Frauen: 1		Frauen: 2	
Arbeits-rhythmus:	unregelmäßig im Jahr *(regelmäßig)*	0,434	°	0,411	°	0,609		1,043	
Arbeitszeit-lage:	regelmäßig tagsüber	1		1		1		1	
	regelmäßig nicht tagsüber	1,044		1,095		1,060		0,926	
	unregelmäßig	0,673		0,977		1,851		1,795	
	Betriebsjahre	0,884	***	0,959	*	0,897	***	1,007	
Flexible Arbeitszeit:	nein *(ja)*	1,117		0,990		0,580	**	0,505	**
	Teilzeit *(Vollzeit)*	0,362		0,488		0,477	°	1,173	
	Wochenarbeitsstunden	1,000		1,025		1,016		1,001	
	privater Betrieb *(öffentlicher)*	1,125		1,061		0,792		0,767	
	Kinderlose (*Eltern)*			3,429	***			4,482	***
	Verheiratet & gem. HH[1]			1				/	
	Nicht verheiratet & gem. HH			0,735				/	
	Kein gem. HH[2]			0,267	***			/	
	Alter			0,887	***			0,857	***
	Konstante	-0,232		2,234	**	-0,014		4,077	***
	Pseudo-R2 (NK)	0,145		0,311		0,164		0,449	
	Modellanpassung (-2LL)	759,998		662,346		569,988		434,487	
	N	589		589		578		578	

°,*,**,*** signifikant mit max. 10%, 5%, 1%, 0,1% Irrtumswahrscheinlichkeit

Kursiv = Referenzkategorien

[1] gem. HH = gemeinsamer Haushalt

[2] verheiratete und nicht verheiratete

(Quelle: GGS 2005; eigene Berechnungen)

Wie zuvor stehen in Spalte eins und zwei die Ergebnisse für die Männer und in drei und vier die der Frauen. Für die Beschäftigungssituation wurden verschiedene Variablen, die als Eigenschaften der Berufssituation gesehen werden können, betrachtet. Die Regelmäßigkeit der

Arbeit im Jahr ist für Männer ein nicht ganz unbedeutender Faktor. Während sich bei den Frauen diesbezüglich kein signifikanter Einfluss zeigt, ist dieser bei den Männern immerhin auf dem 90-prozentigen Signifikanzniveau vorhanden. Auch wenn die Kontrollvariablen einbezogen werden zeigt sich dies. Ist die Arbeitszeit im Jahr unregelmäßig reduziert sich die Chance eines Kinderwunsches um 60 Prozent. Die Hypothese 2 kann daher für Männer bestätigt werden. Die Unsicherheit und wohl auch finanzielle Unklarheiten die damit einhergehen, sichern eine mögliche Familie nur schwer ab. Für Frauen hingegen muss die Hypothese abgelehnt werden, der Arbeitsrhythmus scheint nicht relevant für den Kinderwunsch zu sein. Die Lage der Arbeitszeit am Arbeitstag spielt hingegen bei beiden Geschlechtern keine Rolle für den Kinderwunsch. Ein signifikanter Zusammenhang kann nicht bestätigt werden, die Hypothese 3 wird daher abgelehnt. Für Männer zeigt sich also, dass Arbeitszeitlage in der Arbeitswoche nicht, aber die Verteilung der Arbeitszeit im Jahr sehr wohl von Bedeutung ist. Mit steigenden Betriebsjahren sinkt außerdem die Chance eines Kinderwunsches. Diese Variable korreliert allerdings stark mit dem Alter, das für die Wahrscheinlichkeit des Kinderwunsches bekanntermaßen entscheidend ist. Mit Kontrolle der bekannten Variablen relativiert sich der Zusammenhang. Dennoch besteht auch unter der Kontrolle des Alters und der anderen Variablen bei Männern ein signifikanter, leicht negativer Zusammenhang zwischen Betriebsjahren und Kinderwunsch. Für Frauen besteht kein Zusammenhang der Variablen. Die Hypothese 4 kann nicht bestätigt werden. Bei Frauen besteht kein ein Zusammenhang und bei Männern besteht er entgegen der vermuteten Richtung. Eine mögliche Erklärung dafür ist, dass mit den Betriebsjahren nicht die steigende Sicherheit aufgrund der Betriebszugehörigkeit ausschlaggebend ist; auch die Karrierechancen steigen und werden der Familie manchmal vorgezogen. Ein sehr interessanter Faktor ist vor allem die Möglichkeit einer flexiblen Arbeitszeitgestaltung. Während das Ergebnis dieser Berechnung für Männer nicht signifikant ist und nahe 1 liegt, zeigt sich die Variable für Frauen (mit und ohne den Kontrollvariablen) bedeutsam. Das Fehlen der Möglichkeit zur flexiblen Arbeitszeit reduziert die Chance eines Kinderwunsches, mit einer nur 1-prozentigen Irrtumswahrscheinlichkeit, um 50 Prozent. Die Hypothese 5 muss daher für Männer abgelehnt werden, für Frauen hingegen kann sie bestätigt werden und als relevant festgehalten werden. Für Frauen erleichtert diese Maßnahme die Vereinbarkeit des Berufes mit einem Kind; ein (weiterer) Kinderwunsch wird davon gefördert. Für Männer hingegen ist die Vereinbarkeit beider Bereiche bekanntlich weniger relevant. Vergleicht man die Bedeutung einer Teilzeitbeschäftigung im Vergleich zu einer Vollzeitbeschäftigung, zeigt sich für Frauen ein kleiner Effekt. Die Wahrscheinlichkeit eines Kinderwunsches ist bei teilzeitbeschäftigten Frauen etwas höher als bei Vollzeitbeschäftigten, dies entspricht der Hypothese 6b. Auch dies kann durch die bessere Vereinbarkeitsmöglichkeit erklärt werden. Das diese für Männer nicht relevant ist, zeigt sich hier ebenfalls: bei den Männern verkleinert sich das Chancenverhältnis. Gerade die für Männer untypische Teilzeitarbeit reduziert den Kinderwunsch im Vergleich zur Vollzeiterwerbstätigkeit, entsprechend der Hypothese 6a, um 50 Prozent. Die Berechnungen sind allerdings nicht signifikant. Die Nullhypothesen können daher für die Grundgesamtheit nicht abgelehnt werden, Hypothesen 6a und 6b können somit nicht bestätigt werden. Zudem kann weder für die Wochenarbeitszeit noch für die Form des Betriebes (privat/öffentlich) ein signifikanter Einfluss auf den allgemeinen Kinderwunsch festgehalten werden. Die Nullhypothesen der Hypothesen 7 und 8 können daher nicht abgelehnt werden. Von einem Zusammenhang der Variablen kann nicht ausgegangen werden. Die Form des Betriebes, so zeigt sich, hat für Frauen und ihren Kinderwunsch allerdings eine Bedeutung. Im Vergleich zum öffentlichen Dienst reduziert sich das Chancenverhältnis um über 20 Prozent. Die Sicherheit die vom öffentlichen Dienst, insbesondere beim Wiedereinstieg nach einer Schwangerschaft, häufig ausgeht erhöht vermutlich den Kinderwunsch von Frauen. Die Kontrollvariablen Alter und auch Elternschaft (ja/nein) zeigen sich auch hier als sehr signifikant und sie tragen zur Modellspezifizierung bei. Dies zeigt sich auch in der Verbesserung der Varianzaufklärung (R^2) sowie der Verkleinerung des -2 Log-Likelihood Wertes. Der Institutionalisierungsgrad der Partnerschaft ist nur bei den männlichen Personen signifikant und trägt ebenfalls zur Erklärung des Kinderwunsches bei. Bei Männern steigt demnach die Wahrscheinlichkeit eines Kinderwunsches mit der Institutionalisierung der Partnerschaft, während dies für Frauen kein relevanter Faktor zu sein scheint.

Tabelle 6: Der Einfluss der Beschäftigungssituation auf die Planung eines Kindes (Odds-Ratio)

		Männer: 1	Männer: 2	Frauen: 1	Frauen: 2
Arbeits-rhythmus:	unregelmäßig im Jahr *(regelmäßig)*	0,844	0,902	0,634	1,005
Arbeitszeit-lage:	regelmäßig tagsüber	1	1	1	1
	regelmäßig nicht tagsüber	1,139	1,158	0,905	0,768
	unregelmäßig	1,131	1,687	1,513	1,724
	Betriebsjahre	0,913 ***	0,965 °	0,903 ***	0,988
Flexible Arbeitszeit:	nein *(ja)*	1,065	1,009	0,429 ***	0,392 ***
	Teilzeit *(Vollzeit)*	0,168	0,197	0,323 **	0,957
	Wochenarbeitsstunden	0,992	1,009	1,008	1,014
	privater Betrieb *(öffentlicher)*	0,847	0,790	0,967 °	1,090
	Kinderlose (*Eltern)*		4,348 ***		4,986 ***
	Verheiratet & gem. HH[1]		1		1
	Nicht verheiratet & gem. HH		0,449 **		0,615
	Kein gem. HH[2]		0,196 ***		0,277 **
	Alter		0,920 ***		0,843 ***
	Konstante	-0,371	1,322	-0,163	3,166 *
	Pseudo-R2 (NK)	0,079	0,200	0,164	0,411
	Modellanpassung (-2LL)	661,498	602,056	459,704	359,109
	N	589	589	578	578

°,*,**,*** signifikant mit max. 10%, 5%, 1%, 0,1% Irrtumswahrscheinlichkeit

Kursiv = Referenzkategorien

[1] gem. HH = gemeinsamer Haushalt

[2] verheiratete und nicht verheiratete

(Quelle: GGS 2005; eigene Berechnungen)

Tabelle 6 zeigt die Ergebnisse des Regressionsmodells zum Einfluss der Beschäftigungssituation auf die Planung eines Kindes. Der Arbeitsrhythmus spielt für Frauen auch hier keine Rolle. Für Männer ist nur ein sehr schwach negativer Effekt zu sehen; ein unregelmäßiger Arbeitsrhythmus im Jahr reduziert die Planung im Vergleich zu einem regelmäßigen Rhythmus leicht aber nicht signifikant. Da der Effekt auf den Kinderwunsch (s.o.) für Männer sehr stark war, verwundert diese schwache Wirkung bei der voraussetzungsreicheren Variable der Planung eines Kindes. Erwartet hätte man einen stärkeren Effekt, nicht einen schwächeren. Eventuell würde hier eine Überprüfung der Berufs- und Beschäftigungssituation der jeweiligen Partnerin eine Erklärung liefern. Auf die Analyse von Partnervariablen und Kombinationsvariablen wurde verzichtet. Gerade bei Männern spielt die Partnerin bei familiären Überlegungen aber bekanntlich eine große Rolle. Man kann vermuten, dass ein allgemeiner Kinderwunsch von einem unregelmäßigen Arbeitsrhythmus reduziert wird; besteht aber ein Kinderwunsch wird dieser verwirklicht, wenn die Berufsbedingungen der Partnerin dies ermöglichen. Aufgrund der fehlenden Signifikanz muss aber die Hypothese 12 für beide Geschlechter abgelehnt werden. Die Variablenausprägungen der Arbeitszeitlage in der Arbeitswoche erweist sich ebenfalls als nicht signifikant. Hypothese 13 wird abgelehnt. Zudem sinkt die Chance einer Planung eines Kindes mit den Betriebsjahren bei Frauen und Männern auch mit Kontrolle der bekannten Variablen. Die vermutete Richtung des Zusammenhangs hat sich als falsch herausgestellt. Für Frauen ist das Ergebnis zudem nicht signifikant. Die Hypothese 14 muss abgelehnt werden. Wie beim Kinderwunsch wird auch hier vermutet, dass sich Karrierechancen, die mit der Zahl der Betriebsjahre steigen, auf die Planung eines Kindes innerhalb von drei Jahren leicht reduzierend wirken. Dies kann für beide Geschlechter angenommen werden. Interessant ist auch in diesem Modell, dass die Möglichkeit einer flexiblen Arbeitszeitgestaltung bei den Frauen erheblich auf die Wahrscheinlichkeit der Planung eines Kinders auswirkt. Im Vergleich zum Einfluss auf den Kinderwunsch (Tabelle 5) hat sich die Irrtumswahrscheinlichkeit noch einmal reduziert und ist jetzt bei nur 0,1 Prozent. Mit Kontrollvariable zeigt sich, dass die fehlende Möglichkeit der flexiblen Arbeitszeit im Vergleich zu der bestehenden Möglichkeit die konkrete Planung eines Kindes um etwa 60 Prozent reduziert. Die Hypothese 15 kann also für die Grundgesamtheit der Frauen bestätigt werden und als bedeutsam herausgestellt werden. Für die männlichen Befragten muss die Hypothese allerdings abgelehnt werden. Das Odds-Ratio ist nicht signifikant und liegt bei 1. Die Variable Teilzeitbeschäftigung im Vergleich zur Vollzeitbeschäftigung zeigt keinen signifikanten Effekt. Die Hypothesen 16a und 16b können nicht aufrecht erhalten werden, da ihre Nullhypothesen nicht abgelehnt werden können. Dennoch zeigt sich ein sehr starker reduzierender Effekt der Teilzeitbeschäftigung bei Männern. Männer in Teilzeitbeschäftigung planen, trotz Kinderwusch, selten ein Kind. Auch bei Frauen reduziert sich die Planungswahrscheinlichkeit, allerdings nur sehr leicht. Gerade bei Frauen hätte man anhand der Hypothese 16b aber eher eine erhöhende Wirkung erwartet. Die Vereinbarkeit von Familie und Beruf ist meist einfacher und auch die Opportunitätskosten sind für Frauen in Teilzeit niedriger als in Vollzeit. Warum dies so ist, muss an dieser Stelle offen bleiben. Die Wochenarbeitsstunden können nicht als erklärende Variable bezeichnet werden. Die Odds-Ratio beider Geschlechter liegen bei 1 und sind nicht signifikant. Hypothese 17 wird daher abgelehnt. Und auch Hypothese 18 kann nicht bestätigt werden. Der Zusammenhang der Betriebsform (öffentlich/privat) und der Planung eines Kindes ist nicht signifikant. Für Frauen ist zudem das Odds-Ratio bei 1, ein Effekt kann also nicht beschrieben werden. Es erstaunt aber, dass sich dieser beim Kinderwunsch zeigte. Angestellte Frauen der Stichprobe die in einem privatem Betrieb arbeiten haben, im Vergleich zu Frauen in einem öffentlichen Betrieb, einen geringeren Kinderwunsch. Besteht aber ein Kinderwunsch, wird dieser unabhängig von der Betriebsform realisiert. Für Männer weisen die Odds-Ratio auf einen anderen Richtungszusammenhang hin. Der Kinderwunsch bleibt von der Betriebsform unberührt, die Planung eines Kindes ist allerdings bei privaten Betrieben im Vergleich zu öffentlichen reduziert. Ursächlich dafür sind vielleicht höhere Arbeitsbelastungen und stärkere Aufstiegsbemühungen sowie Konkurrenz in privaten Betrieben, die sich mit dem familiären Bereich weniger gut kombinieren lassen. Bei beiden Geschlechtern tragen auch hier die Variablen Alter, Elternschaft und Institutionalisierung der Partnerschaft zur Erklärung der abhängigen Variable bei. Die Varianzaufklärung liegt bei Männern bei 20 Prozent und bei Frauen sogar bei 40 Prozent, die Erklärungskraft des Modells ist demnach bei Frauen größer. Mit dem Alter sinkt die Wahrscheinlichkeit einer Planung eines Kindes und Kinderlose planen häufiger ein Kind als Eltern. Mit steigender Institutionalisierung der Partnerschaft steigt zudem die Planungswahrscheinlichkeit beider Geschlechter. Auch für Frauen zeigt sich dieser Effekt, der bei dem Kinderwunsch nicht relevant war. Für Frauen scheint die Institutionalisierung der Partnerschaft beim Kinderwunsch keine, bei der Planung eines Kindes allerdings sehr wohl eine Rolle zu spielen.

7.3 Der Einfluss der subjektiven Beurteilung

Auch die subjektive Beurteilung der eigenen beruflichen Situation spielt bei der Zukunftsplanung eine entscheidende Rolle. Für die letzten zwei Regressionsmodelle ist daher die Beurteilung der eigenen Arbeitsplatzsicherheit (zufrieden, mäßig zufrieden, nicht zufrieden) sowie die Einschätzung der eigenen Kontrolle über die Arbeit (sehr stark, ziemlich stark, ein bisschen, überhaupt nicht) die interessierende, erklärende Variable. Auf diesen ersten Block, folgen auch hier die Blöcke 2 mit den Kontrollvariablen sowie 3 mit den Interaktionseffekten.

Als Interaktionseffekte wurden sind die Beurteilung der „Arbeitsplatzsicherheit*Bildung" und auch der „Kontrolle über die Arbeit*Bildung" überprüft. Der Kinderwunsch wird in Tabelle 7 als abhängige Variable betrachten und die Planung eines Kindes in Tabelle 8. Auch hier ist die Fallzahl reduziert, weil aufgrund der Filter nur die abhängig Beschäftigten zu ihrer subjektiven Beurteilung befragt wurden.

Tabelle 7: Der Einfluss der subjektiven Beurteilung auf den Kinderwunsch (Odds-Ratio)

		Männer:				Frauen:			
		1		2		1		2	
Arbeitsplatz-sicherheit:	*zufrieden*	1		1		1		1	
	mäßig zufrieden	0,695	*	0,689	°	0,799		0,600	*
	nicht zufrieden	1,463	°	1,487	°	0,975		0,552	°
Kontrolle über Arbeit:	*sehr stark*	1		1		1		1	
	ziemlich stark	1,060		1,121		0,959		1,049	
	ein bisschen	0,942		1,132		1,114		1,437	
	überhaupt nicht	0,708		0,687		0,488	°	0,943	
	Kinderlose (*Eltern)*			3,438	***			2,612	***
	Verheiratet & gem. HH[1]			1				/	
	Nicht verheiratet & gem. HH			0,662	°			/	
	Kein gem. HH[2]			0,299	***			/	
	Alter			0,874	***			0,834	***
	(Fach-)Abitur			/				1	
	Realschulabschluss			/				0,613	°
	Hauptschulabschluss			/				0,491	*
	Konstante	-0,933	***	3,563	***	-0,832	***	5,330	***
	Pseudo-R2 (NK)	0,019		0,306		0,015		0,461	
	Modellanpassung (-2LL)	933,874		751,668		740,045		502,988	
	N	669		669		674		674	

°,*,**,*** signifikant mit max. 10%, 5%, 1%, 0,1% Irrtumswahrscheinlichkeit

Kursiv = Referenzkategorien

[1] gem. HH = gemeinsamer Haushalt

[2] verheiratete und nicht verheiratete

(Quelle: GGS 2005; eigene Berechnungen)

Wiederum finden sich auch hier in Spalten eins und zwei die Ergebnisse für die Männer und in drei und vier die für die Frauen. Für den Zusammenhang der subjektiven Beurteilung der Berufssituation und dem allgemeinen Kinderwunsch können zunächst keine Zusammenhänge festgestellt werden. Gerade ein Einfluss des Kontrollempfindens auf den Kinderwunsch kann ohne und auch mit Kontrollvariablen nicht bestätigt werden. Die Nullhypothese, dass kein Zusammenhang besteht, kann daher nicht abgelehnt werden und die Hypothesen 10a und 10b können somit nicht bestätigt werden. Für die Zufriedenheit mit der Arbeitsplatzsicherheit hingegen kann ein leichter Zusammenhang angenommen werden. Mit der Aufnahmen der Kontrollvariablen verbessert sich, wie aus den vorangegangenen Regressionen zu erwarten war, ebenfalls das Modell. Die Varianzaufklärung beträgt 30,6 Prozent bei den Männern und 46,1 Prozent bei den Frauen. Zudem sinkt der -2 Log-Likelihood Wert. Betrachtet man den Einfluss der Beurteilung der Arbeitsplatzsicherheit zeigt sich, dass im Vergleich zur Referenzgruppe der Zufriedenen die Chance eines Kinderwunsches bei den mäßig zufriedenen Männern und Frauen sinkt. Bei den Frauen sinkt das Chancenverhältnis zudem bei den Nicht-Zufriedenen, auf dem 90-prozentigen Signifikanzniveau weiter, es halbiert sich. Bei den Männern hingegen fällt auf, dass das Odds-Ratio der Variablenausprägung „nicht zufrieden" wieder steigt. Es ist wider Erwarten höher als bei der Referenzgruppe. Die Hypothesen 9a und 9b können nicht aufrechterhalten werden. Für Frauen besteht die Richtung des Zusammenhangs umgekehrt. Die Wahrscheinlichkeit eines Kinderwunsches steigt mit der Zufriedenheit mit der Arbeitsplatzsicherheit. Eine Erklärung dafür ist, dass Frauen, wenn sie arbeiten ihre Berufstätigkeit auch wichtig finden. Sie wollen in ihrem Beruf zufrieden sein, bevor sie an (weitere) Kinder denken. Insgesamt scheint aber die subjektive Beurteilung der eigenen Situation nicht sehr ausschlaggebend zu sein. Für die Männer sind die Ergebnisse nicht in eine Rangfolge zu bringen, was eher auf eine willkürliche Beantwortung der Fragen hinweist. Der Kinderwunsch der Zufriedenen ist im Vergleich zu den Nicht-Zufriedenen allerdings geringer. Auffallend ist zudem, dass die Variable der Institutionalisierung der Partnerschaft bei Männern für den allgemeinen Kinderwunsch signifikant ist, während diese bei den Frauen im schrittweisen Aufbau aus dem Modell genommen wurde. Die Institutionalisierung der Partnerschaft scheint für Männer beim Kinderwunsch eine größere Relevanz zu haben, als für Frauen. Der Bildungsabschluss hingegen zeigt sich nur bei den Frauen, als leicht signifikanter Faktor, der wiederum bei den Männern keine Rolle spielt. Ein Interaktionseffekt der Variable „Arbeitsplatzsicherheit*Bildung" beziehungsweise „Kontrolle über die Arbeit*Bildung" konnte in dem dritten Schritt des Modellaufbaus nicht festgestellt werden und wird daher nicht abgebildet.

Tabelle 8: Der Einfluss der subjektiven Beurteilung auf die Planung eines Kindes (Odds-Ratio)

		Männer: 1	Männer: 2	Frauen: 1	Frauen: 2
Arbeitsplatz-sicherheit:	*zufrieden*	1	1	1	1
	mäßig zufrieden	0,805	0,870	0,753	0,603 °
	nicht zufrieden	1,457	1,504	1,246	0,859
Kontrolle über Arbeit:	*sehr stark*	1	1	1	1
	ziemlich stark	1,074	1,108	0,785	0,800
	ein bisschen	1,068	1,262	0,884	0,798
	überhaupt nicht	0,478 °	0,552	0,281 *	0,362 °
	Kinderlose (*Eltern*)		4,755 ***		3,523 ***
	Verheiratet & gem. HH[1]		1		1
	Nicht verheiratet & gem. HH		0,412 **		0,423 **
	Kein gem. HH[2]		0,193 ***		0,096 ***
	Alter		0,906 ***		0,824 ***
	(Fach-)Abitur		/		1
	Realschulabschluss		/		0,749
	Hauptschulabschluss		/		0,409 **
	Konstante	-1,407 ***	1,790 **	-1,101 ***	5,759 ***
	Pseudo-R2 (NK)	0,180	0,214	0,025	0,412
	Modellanpassung (-2LL)	789,124	680,982	618,447	438,546
	N	669	669	674	674

°,*,**,*** signifikant mit max. 10%, 5%, 1%, 0,1% Irrtumswahrscheinlichkeit

Kursiv = Referenzkategorien

[1] gem. HH = gemeinsamer Haushalt

[2] verheiratete und nicht verheiratete

(Quelle: GGS 2005; eigene Berechnungen)

Für die Planung eines Kindes innerhalb der nächsten drei Jahre kann das Regressionsmodell kaum signifikante, von der subjektiven Beurteilung ausgehende, Ergebnisse berechnen. Nach der Aufnahme der Kontrollvariablen zeigt sich für die Männer keine signifikante Bedeutung der subjektiven Beurteilung. Für die Frauen zeigt sich auf dem 90-prozentigen Signifikanzniveau eine Reduzierung der Odds-Ratio für die Beurteilung „mäßig zufrieden" der Arbeitsplatzsicherheit. Nicht signifikant und höher liegt die Berechnung für „nicht zufrieden", dennoch ist das Chancenverhältnis kleiner als bei der Referenzkategorie. Mit Einwänden kann von einer hemmenden Wirkung der fehlenden Zufriedenheit mit der Arbeitsplatzsicherheit auch für die Planung eines Kindes von Frauen gesprochen werden. Die Hypothesen 19a und 19b müssen dennoch beide abgelehnt werden. Auch für die subjektive Einschätzung zur eigenen Kontrolle über die Arbeit kann für die Männer kein signifikanter Einfluss auf die Planung eines Kindes festgestellt werden. Hypothese 20a wird daher ebenfalls abgelehnt. Bei den Frauen sinken die Odds-Ratio mit abnehmender Kontrolle, allerdings nicht signifikant. Nur die Variablenausprägung „überhaupt nicht“ ist auf dem 90-prozentigen Signifikanzniveau leicht signifikant. Tendenziell scheint die mit abnehmender Kontrolle auch die Planungsbereitschaft für ein Kind abzunehmen. Diese Tendenz ist gegensätzlich zur Aussage der Hypothese 20b. Auch hier kann vermutet werden, dass Frauen, wenn sie arbeiten ihre Berufstätigkeit wichtig finden. Sie wollen in ihrem Beruf zufrieden sein, bevor sie (weitere) Kinder planen. Eine Wirkung der Variable kann aber aufgrund der fehlenden Signifikanz nicht bestätigt werden. Entscheidender für die konkrete Planung eines Kindes sind allerdings auch hier natürlich die Kontrollvariablen. Insbesondere das Alter ist ein entscheidender Faktor zumal der Unterschied zwischen Eltern und Kinderlosen sehr hoch ist. Für beide Geschlechter ist zudem die Institutionalisierung der Partnerschaft ein entscheidender Faktor. Die Chance einer Planung eines Kindes ist, im Vergleich zu den Verheirateten und zusammenwohnenden Paaren, bei nicht verheiraten Paaren die zusammenwohnen über die Hälfte reduziert. Noch geringer ist die Chance bei getrennt lebenden Paaren. Der Schulabschluss ist auch in diesem Modell für Frauen wohl entscheidender als für Männer. Mit dem Schulabschluss steigt die Chance einer Kinderplanung. Vermutlich hängt dies aber stark mit dem verbreiteten Aufschub der höher gebildeten Frauen zusammen. Ein Interaktionseffekt der Variable „Arbeitsplatzsicherheit*Bildung“ beziehungsweise „Kontrolle über die Arbeit*Bildung“ konnte auch in dem dritten Schritt des letzten Modellaufbaus nicht festgestellt werden und wird daher ebenfalls nicht abgebildet.

8. Abschließende Diskussion der Ergebnisse

Ziel des Buches war, zur Klärung der Frage beizutragen, ob sich eine unsichere Berufssituation auf den Kinderwunsch und auf die Familienplanung auswirkt. Dazu wurde, nach einer Einführung in das Thema, zunächst der Forschungsstand beschrieben und in den folgenden Kapiteln das Thema theoretisch aufgearbeitet. Insbesondere, dass sich die Phase beruflicher Unsicherheit nicht selten mit der der Familiengründung zeitlich überschneidet, wurde aufgrund der unsicheren Zukunftsperspektiven als Problem erachtet. Ob sich unsichere Berufssituationen, Beschäftigungssituation und auch die subjektive Bewertung der eigenen Situation auf einen allgemeinen Kinderwunsch und auch auf die Planung eines Kindes negativ auswirkt, wurde daher empirisch überprüft.

Die Regressionsmodelle (Tabelle 3 und Tabelle 4), die Auskunft zum Zusammenhang von Berufssituation und Kinderwunsch beziehungsweise Planung eines Kindes innerhalb von drei Jahren geben sollten, konnten die bekannten Forschungsergebnisse für die Ausbildungsphase bestätigen. Der Kinderwunsch von Menschen in der Ausbildung[87] ist gering und von einer konkreten Planung eines Kindes wird abgesehen (Blossfeld 2007: 674). Dies zeigte sich sowohl in den Kreuztabellen als auch in den Regressionsmodellen. Zudem reduziert sich der Kinderwunsch von Männern wenn sie arbeitslos sind. Für die übrigen Variablenausprägungen zeigte sich kein signifikanter Zusammenhang in den Regressionen. Bei der alleinigen Betrachtung der Kinderlosen wiesen die Odds-Ratio auf einen interessanten, allerdings ebenfalls nicht signifikanten, Zusammenhang hin. Gerade Selbstständigkeit reduziert die Wahrscheinlichkeit eines Kinderwunsches und auch der Planung eines Kindes von kinderlosen Männern. Auch Selbstständigkeit muss somit wohl als unsichere berufliche Situation aufgefasst werden. Für kinderlose Frauen hingegen wirkt sich gerade eine Befristung des Arbeitsvertrages stark negativ auf den Kinderwunsch und auch auf die Planung eines Kindes aus. Vermutlich wird eine Schwangerschaftsunterbrechung gerade bei zeitlichen begrenzten Verträgen als ungünstig beurteilt. Auch die vorangegangene Deskription der Daten anhand von Kreuztabellen haben einige Assoziationen aufgezeigt. Der Einfluss der Berufssituation ist für die Familienplanung durchaus relevant. Es konnte gezeigt werden, dass Selbstständige und unbefristet Beschäftigte mit Kinderwunsch häufiger auch ein Kind innerhalb von drei Jahren planen als befristet Beschäftigte. Die Regressionsmodelle weisen zwar auf einen starken Alterseffekt hin; befristet beschäftigt sind eher die jüngeren, die seltener konkret ein Kind planen. Dennoch ist

[87] Auszubildende, Schüler, Studenten, Wehrdienst- oder Zivildienstleistende

festzuhalten, dass ein Aufschub eines Kinderwunsches die endgültige Kinderzahl reduzieren kann. Auch lebenslange Kinderlosigkeit kann Folge eines Aufschubs sein (Kreyenfeld 2010: 351). Ebenfalls ergab der Vergleich von unbefristet Beschäftigten mit befristet Beschäftigten bei der Kreuztabellierung interessante Ergebnisse. Bei beiden Geschlechtern besteht der statistische Zusammenhang, dass befristet Beschäftigte trotz bestehenden Kinderwunsches diesen seltener konkret planen als unbefristet Beschäftigte. Entgegen der theoretischen Annahme ist die Richtung des Zusammenhangs bei Männern und Frauen nicht gegenläufig. Bei letztgenannten ist dieser sogar stärker. Die Bedeutung der Berufssituation scheint für Frauen nicht unwichtig zu sein. Allerding muss auch darauf verwiesen werden, dass sich dies nur auf die Gruppe der abhängig Beschäftigten bezieht, die sehr selektiv sein könnte. Ein Rückzug von schlechten Arbeitsbedingungen in die Mutterrolle kann zwar nicht widerlegt aber eben auch nicht bestätigt werden. Der Vergleich der Altersgruppen miteinander wies auf einen starken Effekt insbesondere bei den 34 bis 41-jährigen hin. Gerade in dieser Altersgruppe, in der Befristung seltener ist, scheint diese Beschäftigungsform auf die Planung eines Kindes reduzierend zu wirken. Die Differenzierung nach Schulabschluss wies zudem auf einen starken Unterschied von unbefristet und befristet Beschäftigten, die (Fach-) Abitur haben, hin. Ein von der Bildung ausgehender Interaktionseffekt, wie er von Kreyenfeld festgestellt wurde, kann bei der Analyse Regressionen nicht bestätigt werden (ebd. 2010: 351). Die reduzierende Wirkung befristeter Beschäftigungsverhältnisse auf die Planung eines Kindes ist zudem, wie zu erwarten war, bei Kinderlosen stärker als bei Eltern. Ein Problem der Stichprobe stellte allerdings die Verteilung des Alters und der Berufssituation dar. Die Hälfte der in der Stichprobe Erfassten, ist 36 Jahre und älter, was zur Folge hat, dass die meisten Befragten bereits Kinder haben und sich keine weiteren mehr wünschen (und daher auch keine planen). Außerdem wirkt sich der Faktor Alter nicht nur auf die abhängigen Variablen aus, sondern auch auf die unabhängigen. Gerade das Alter hat, so wurde beschrieben, einen großen Einfluss auf die Wahrscheinlichkeit einer befristeten Anstellung und auch auf andere Arbeitsbedingungen.

Den Beschäftigungsbedingungen konnte ebenfalls kein eindeutiger Wirkungszusammenhang auf die abhängigen Variablen nachgewiesen werden. Fast alle betrachteten Variablen bedingen weder den allgemeinen Kinderwunsch noch die Planung eines Kindes (Tabelle 5 und Tabelle 6). Vielleicht geht aber ein Effekt von der Kombination der Variablen aus. Das Zusammentreffen verschiedener ungünstiger Beschäftigungsbedingungen könnte einen Effekt auf den Kinderwunsch und auch die Planung eines Kindes haben. Die Bildung eines Index könnte eventuell interessantere Ergebnisse liefern; hier besteht weiterer Forschungsbedarf. Für Männer zeigte sich allerdings, dass ein unregelmäßig über das Jahr verteilter Arbeitsrhythmus den

Kinderwunsch reduziert. Gerade Saisonarbeit und wechselnde Leiharbeit sind eher ungünstige Beschäftigungsbedingungen. Die Variable „flexible Arbeitszeit“ zeigt sich allerdings in den Regressionsmodellen als interessante Ausnahme. Während der Einfluss der Möglichkeit der flexiblen Arbeitszeitgestaltung bei Männern nicht signifikant ist und das Odds-Ratio nahe 1 liegt, zeigt sich für Frauen der Grundgesamtheit ein anderes Bild: Besteht die Möglichkeit der flexiblen Arbeitszeitgestaltung nicht, so wirkt sich das auf den Kinderwunsch um die Hälfte und auf die Planung eines Kindes sogar um zwei Drittel reduzierend aus. Die Möglichkeit der flexiblen Arbeitszeitgestaltung kann daher für Frauen und deren Kinderwunsch sowie für die Planung eines Kindes als wichtiger Faktor festgehalten werden. Auch der Zuspruch für die Maßnahme flexibler Arbeitszeiten für berufstätige Eltern war bei der Befragung des GGS 2005 sehr groß (vgl. Abbildung 10).

Abbildung 10: Zuspruch für flexible Arbeitszeiten bei berufstätigen Eltern[88]

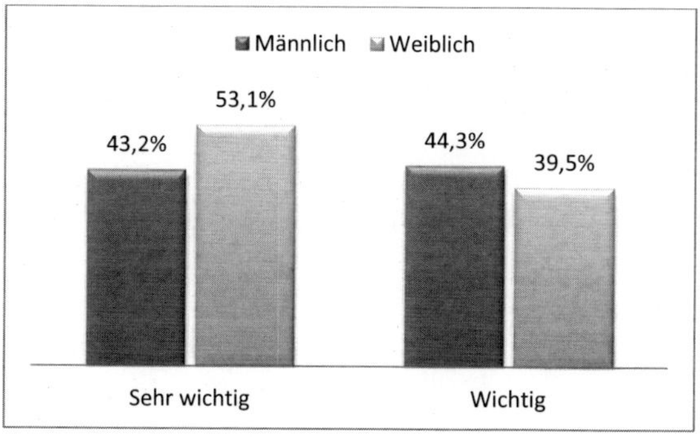

Männlich
Weiblich
43,2%
53,1%
44,3%
39,5%
Sehr wichtig
Wichtig

(Quelle: GGS 2005; eigene Berechnungen)

Die Abbildung zeigt eine große Zustimmung für die Möglichkeit flexibler Arbeitszeiten für berufstätige Eltern. Fast 93 Prozent aller Frauen der zugrundeliegenden Stichprobe beurteilen die Möglichkeit flexibler Arbeitszeiten als „sehr wichtige“ oder „wichtige“ Maßnahme. Auch für Männer scheint dies mit knapp 88 Prozent eine gute Möglichkeit zu sein, die Betreuung der Kinder mit der Berufstätigkeit zu kombinieren. Ob Männer dies für sich selbst oder nur für Mütter wichtig finden, muss dabei offen bleiben. Tatsache ist, dass die Geburt eines Kindes häufig eine traditionelle Arbeitsaufteilung zur Folge hat. Frauen bemühen sich um eine

[88] Frage (f063220): „Was halten Sie von den folgenden Maßnahmen, die es erleichtern sollen, Kinder zu bekommen, zu erziehen und für sie zu sorgen? - flexible Arbeitszeiten für berufstätige Eltern mit kleinen Kindern“. Antwortvorgaben: „sehr wichtig“, „wichtig“, „weder noch“, „unwichtig“, „völlig unwichtig“, „weiß nicht“ bzw. „keine Angabe“ (TNS-Infratest 2005: 472).

Vereinbarung von Kind und Beruf oder geben ihre Berufstätigkeit auf, während Männer ihre Erwerbsbeteiligung seltener einschränken (Ziefle 2009: 10). Dass für Männer keine Bedeutung der Möglichkeit flexibler Arbeitszeiten in den Regressionsmodellen festgestellt werden konnte, könnte aber auch daran liegen, dass Männer diese seltener nutzen (können). Die gesellschaftliche Anerkennung der „neuen Väter“, die für ihre Kinder ihre Arbeit eingrenzen, ist noch nicht stark verbreitet (Schneider 2002: 147). Die Erörterung dieser Thematik bietet ebenfalls ein weiteres Forschungsfeld.

Zur Bedeutung der subjektiven Einschätzung der Berufssituation für den Kinderwunsch oder die Planung eines Kindes kann auf Grundlage der Regressionsmodelle (Tabelle 7 und Tabelle 8) keine generelle Aussage gemacht werden. Sie ergaben kaum signifikante Ergebnisse. Zudem zeigte sich die Richtung des Zusammenhangs, insbesondere für Männer, als nicht regelmäßig. Bei Frauen allerdings sinkt der Kinderwunsch mit der Zufriedenheit mit der Arbeitsplatzsicherheit. Auch die Planung eines Kindes innerhalb von drei Jahren ist bei Frauen, die mit ihrer Arbeitsplatzsicherheit zufrieden sind, wahrscheinlicher als bei mäßig zufriedenen. Ein Rückzug aus schlechten Arbeitsbedingungen in die Mutterrolle kann auch hier nicht bestätigt werden, allerdings bezieht sich diese Aussage nur auf berufstätige Frauen. Auch Kreyenfeld konnte kaum einen Zusammenhang zwischen der subjektiven Beurteilung der Arbeitsplatzsicherheit und der Familiengründung feststellen (ebd. 2010: 358). Blossfeld et al. hingegen betonen hingegen gerade die Wichtigkeit der subjektiven Situationseinschätzung (ebd. 2007: 675). Eventuell würde die Bildung eines Index zur subjektiven Zufriedenheit mit der Berufssituation eindeutigere Ergebnisse liefern.

Insgesamt kann festgehalten werden, dass insbesondere das Alter und bereits vorhandene Kinder entscheidende Faktoren für den Kinderwunsch und die Planung eines Kindes sind. Natürlicherweise ist der Kinderwunsch von Kinderlosen höher und daher auch eine Planung wahrscheinlicher. Der Alterseffekt ist ebenfalls aus der Forschung bekannt. Gerade bei der Betrachtung der Berufssituation und des Kinderwunsches beziehungsweise der Planung eines Kindes dürfte dies aber zu einer starken Korrelation geführt haben. Die Älteren der Stichprobe haben seltener einen Kinderwunsch und planen weniger häufig Kinder, sind aber auch häufiger unbefristet beschäftigt. Der in diesem Buch besonders interessierende Zusammenhang könnte dadurch verwischt worden sein. Ein weiteres Problem stellt, abgesehen vom Alter, die hohe Heterogenität der Berufsgruppen dar. Für eine weitere Überprüfung des Zusammenhangs von Berufssituation und Familienleben wird daher vorgeschlagen, die Betrachtung stärker zu differenzieren. Innerhalb der einzelnen Berufsgruppen unterscheiden sich die Befragten auch bezüglich ihres Humankapitals, ihrer Schichtzugehörigkeit und insbesondere ihrer beruflichen Perspektive. Auch dies könnte den Einfluss überdeckt haben. Gerade, ob ein befristeter Vertag eine dauerhafte Situation oder nur eine Übergangsphase des Berufseintritts darstellt, kann mit den Daten des GGS nicht unterschieden werden. Zudem besteht zusätzlicher Forschungsbedarf bezüglich weiterer Formen atypischer Beschäftigung. Leiharbeiter und geringfügig Beschäftigte wurden im Datensatz vernachlässigt. Die vorliegende Analyse blieb außerdem, aufgrund der vorgegebenen Filter, weitgehend auf abhängig Beschäftigte beschränkt. Mit Hilfe der Regressionen konnte auch bestätigt werden, dass die Institutionalisierung der Partnerschaft, gerade bei Männern, und die Schulbildung, insbesondere bei Frauen, für den Kinderwunsch und auch für die Planung eines Kindes von Bedeutung sind. Ein Effekt des Einkommens oder der Regionen (Ost-West) konnte hingegen nicht bestätigt werden. Geschlechtergegensätze bei der Richtung der Wirkungszusammenhänge können zum Teil aufgezeigt werden. Unterschiede zeigen sich aber auch in der Stärke der Zusammenhänge. Heutzutage ist eine sichere berufliche Stellung bei der Familiengründung für beide Geschlechter wichtig. Auch Brose wies darauf hin, dass die berufliche Etablierung für die Familiengründung bei Frauen häufig als Voraussetzung gilt (ebd. 2008: 30). Zudem hat sich das Rollenbild von Eltern gewandelt: berufstätige Mütter finden zunehmend Anerkennung, und ein familiäres Engagement von Vätern wird mehr und mehr gewünscht (Schneider 2002: 148). Bezüglich der Integration des Familienlebens in das Arbeitsleben besteht politischer Handlungsbedarf, der noch zu erörtern ist (s.u.).

In der Analyse wurde die berufliche Situation der jeweilige Partner außer Acht gelassen. Insbesondere bei Frauen spielt die Berufssituation ihrer Partner bei Fertilitätsentscheidungen eine entscheidende Rolle. Der Einfluss der beruflichen Unsicherheit des Partners auch in Kombination mit der der Befragten wäre sicher ein weiteres, interessantes Forschungsfeld (Kreyenfeld 2010: 362). Die Wiederholungsbefragungen des GGS in der zweiten und dritten Welle, die jeweils im Abstand von drei Jahren geplant sind, bietet zudem die Möglichkeit weitreichenderer Analysen (Ruckdeschel et al. 2006: 8). Änderungen der beruflichen Situation, des allgemeinen Kinderwunsches oder auch bei der Planung eines Kindes innerhalb von drei Jahren könnten so festgestellt und zueinander in Bezug gesetzt werden. So ließe sich zum Beispiel die Realisierung des Vorhabens, innerhalb von drei Jahren ein Kind zu bekommen, überprüfen und ursächlich erklären. Generell würde sich für eine erneute Analyse des Zusammenhangs ein Paneldesign anbieten. Dies ermöglicht, Ereignisse in ihrem Zeitverlauf darzustellen und zu ergründen. Gerade Veränderungen auf der Individualebene können so gut aufgezeigt werden (Diekmann 2005: 267). Eine langjährige Darstellung der Berufsbiografie sowie der Fertilitätsentwicklung der Befragten würde sicherlich interessante Zusammenhänge aufweisen. Der Vergleich verschiedener Berufssituationen und deren Einfluss auf das generative Verhalten würden detaillierte Ergebnisse liefern, als dies mit Querschnittsdaten möglich ist. Auch denkbare Effekte von Unsicherheits- oder Arbeitslosigkeitserfahrung ließen sich analysieren. Weiterer Forschungsbedarf besteht auch in einem Ländervergleich. Der GGS wurde von der Wirtschaftskommission der Vereinten Nationen koordiniert und in verschiedenen Ländern durchgeführt. Er bietet sich daher für einen Ländervergleich an (Ruckdeschel et al. 2006: 7). Auch eine Analyse der Makrostrukturen des Arbeitsmarktes (z.B.: Erwerbslosenquote) und deren Effekte auf das generative Verhalten in verschiedenen Ländern könnte interessante Ergebnisse liefern (Brose 2008: 37).

Auf Grund der fehlenden Signifikanz ist es schwierig, allgemeine Aussagen über die vorgestellten Erklärungsmodelle zu machen. Es spricht dennoch einiges dafür, dass die Idee der Kosten-Nutzen-Kalkulation bei der Erklärung von generativem Verhalten hilfreich ist. Für die Ausbildungsphase konnte, wie nach der Rational Choice Theorie zu erwarten, praktisch keine Kinderplanung festgestellt werden. Auch das signifikante Ergebnis der Variable „Möglichkeit flexibler Arbeitszeit" bestätigt die theoretischen Annahmen. Durch die Möglichkeit der flexiblen Arbeitszeitgestaltung werden die Kosten der Vereinbarkeitsbestrebungen von Beruf und Familie, insbesondere für Frauen, gesenkt. Auch die Opportunitätskosten einer Elternschaft sind dadurch geringer, als wenn die Möglichkeiten fehlen. Dass sowohl ein Kinderwunsch als auch die Planung eines Kindes wahrscheinlicher ist, wenn die Möglichkeit flexibler Arbeitszeitgestaltung besteht, ist der Theorie entsprechend folgerichtig. Dass aber die Zusammenhänge nicht auch für die anderen Hypothesen zu bestätigen waren, wie es nach der Rational Choice Theorie zu erwarten gewesen wäre, wirft Fragen auf. Zum einen müsste die Operationalisierung überdacht werden; der Vorschlag der Bildung von Indizes wurde bereits gemacht. Andererseits stellten Alexandra Düntgen und Martin Diewald die These auf, dass die De-Standardisierungsentwicklungen für die jüngeren Arbeitnehmer heute normal sind, weil diese damit aufgewachsen sind. Die Autoren gehen davon aus, dass die Jüngeren sich nicht von der Flexibilisierung ihrer Arbeitsbedingungen beeinflussen lassen (ebd. 2008: 217). Auch dies könnte daher eine Erklärung für die Ergebnisse des vorliegenden Buches sein. Allerdings bedarf der behauptete Gewöhnungseffekt ebenfalls einer empirischen Überprüfung.

Wenn man den Überlegungen von Catherin Hakim folgt, dürften sich ebenfalls keine Zusammenhänge bestätigen lassen. Die Bereiche „Familie" und „Beruf" werden überwiegend von verschiedenen Präferenzgruppen bevorzugt; sie konkurrieren nicht miteinander. Dennoch benennt auch Hakim die Gruppe der Frauen, die sich die Vereinbarkeit von Beruf und Familie wünscht, als die zahlenmäßig größte. Die Realisierung dieses Wunsches ist allerdings für viele Frauen sehr schwer und führt dazu, dass sie immer noch häufig vor der Wahl „entweder oder" stehen (ebd. 2003a: 350ff).

Festzuhalten ist sowohl in Anlehnung an die Rational Choice Theorien als auch an die Preference Theory: unwichtig scheint die Berufssituation für familiäre Entscheidungen und Entwicklungen nicht zu sein. Ziel familienpolitischer Handlungen sollten Strukturen sein, die eine Vereinbarkeit von Familienleben und Arbeitsbereich unterstützen. Neben den notwendigen Bemühungen um ein flächendeckendes Betreuungssystem hat das vorliegende Buch gezeigt, dass insbesondere flexible Arbeitszeiten wichtig sind. Sie erhöhen die Wahrscheinlichkeit eines Kinderwunsches sowie für die Planung eines Kindes bei Frauen und werden zudem von beiden Geschlechtern gewünscht. Dass eine weitreichende Umsetzung dieser Maßnahme auch die Geburtenrate in Deutschland erhöhen könnte, kann hier nur vermutet werden. Solange in Deutschland diese und andere augenscheinliche, strukturelle Probleme bestehen, die es Menschen erschweren, ein familiäres Leben zu planen, gehen Vorschläge wie ein „Kindersoli"[89] in die falsche Richtung (AZ 2012a: 3). Zunächst einmal besteht politischer Handlungsbedarf bei der Veränderung der Rahmenbedingungen, die es Menschen mit Kinderwunsch ermöglichen, diesen auch zu realisieren.

Das demografische Problem der sozialen Sicherung in Deutschland wird von der Zunahme atypischer Beschäftigungen zusätzlich verschärft. Gerade die betroffenen Arbeitnehmer sind während ihrer Erwerbsphase nachteilig arbeitslosen- und krankenversichert sowie auch bei der Rentenversicherung, im Vergleich zu Normalarbeitnehmern, schlechter gestellt. Da die neueren Arbeitsmodelle aber politisch gefördert werden, denn sie werden als Lösung des Arbeitsmarktproblems angesehen, wird sich der Flexibilisierungsprozess der Beschäftigungsverhältnisse wohl fortsetzen. Die Problematik besteht bei diesem Trend vor allem in der Konzentration auf die Interessen der Unternehmen. Dabei bleiben private Bedürfnisse der Beschäftigten, gerade auch die familiären, oft unberücksichtigt. Eine Lösung des Problems bietet dabei das „Flexicurity" Konzept, das Flexibilisierungs- und Sicherheitsinteressen von Arbeitgebern und -nehmern zu vereinen sucht (Keller/Seifert 2007: 15ff). Dieses trägt dem „(...) betrieblichen Flexibilisierungsbedarf Rechnung, ohne jedoch die Sicherungsbedürfnisse der Beschäftigten zu vernachlässigen" (ebd.: 23). Aus Unternehmersicht ist Flexibilität ein Muss, aus Arbeitnehmersicht hingegen meist eine Zumutung. Ziel sollte es sein, den globalisierungsbedingten Prozess als solchen zu erkennen, die Risiken zu reduzieren, aber auch die

[89] Im Februar 2012 forderten Bundestagsabgeordnete der CDU/CSU ein Malus für Kinderlose, mit dem Ziel das soziale Sicherungssystem zu stabilisieren (AZ 2012a: 3).

Chancen zu nutzen. Flexibilität und Sicherheit für beide Seiten sind wichtig, so die Forderung, durch Bestandserhaltung und Profitabilität aber zusammen mit planbaren und flexiblen Arbeitsbedingungen sowie soziale Absicherung (Kronauer/Linne 2007: 9ff). Dies ist bedeutsam, weil die Arbeitspräferenzen von Erwerbspersonen entscheidend von deren privaten Lebensform abhängen. Während sich die Erwerbspräferenzen von Männern als relativ konstant in Vollzeiterwerbstätigkeit zeigen, haben sich die der Frauen, aufgrund neuer Lebensentwürfe, pluralisiert. Neben der klassischen Hausfrauenrolle sind die Möglichkeiten von Teilzeit- oder auch Vollzeiterwerbstätigkeit zunehmend beliebt. Die berufliche Aktivität von Frauen in Deutschland hängt dabei signifikant mit der Anzahl und dem Alter der Kinder zusammen. Auch die „neuen Väter" sind daran interessiert, ihre Arbeitszeiten an ihr Familienleben anzupassen. Die Berufsbiografie und auch private Lebensumstände haben an Vorhersehbarkeit eingebüßt; dies erschwert die Planung und Realisierung von Kinderwünschen. Die Berufssituation ist daher ein Faktor des Ursachenbündels der niedrigen Geburtenrate in Deutschland (Diewald/Brose/Goedicke 2007: 232ff). Ute Klammer weist auf vier zentrale arbeitsmarkt- und sozialpolitische Handlungsfelder hin: Eine ausreichende Grundsicherung, insbesondere bezüglich Renten- und Gesundheitsversicherung, die die enge Verknüpfung von Erwerbs- und Versicherungsbiografie weniger folgenschwer macht; ein umfangreiches System der sozialen Absicherung schafft Klarheit und reduziert Zukunftsängste. Flexibilität auch in Form individuell gestaltbarer Arbeitszeiten sollte häufiger möglich sein. Gerade Möglichkeiten zur temporären Erwerbsunterbrechung oder Arbeitszeitreduzierung aus persönlichen Gründen wären sinnvoll. Auch die Vorhersehbarkeit der Arbeitszeiten sind wichtig. Zudem ist die Förderung von Statusübergängen entscheidend für flexible Arbeitsmärkte. Wiedereinstiegshilfen nach der Elternzeit oder Unterstützung beim Berufswechsel sind wichtige Aufgaben eines sozialen Systems. Die Fokussierung der Arbeitsmarktpolitik sollte von monetären Hilfen stärker auf die Reintegration in den Arbeitsmarkt gerückt werden (ebd. 2007: 260ff).
Umgesetzt wird die Idee des „Flexicurity" Konzepts im „Work-Life-Balance" Programm. Dessen Ziel ist „(...) eine neue, intelligente Verzahnung von Arbeits- und Privatleben vor dem Hintergrund einer veränderten und sich dynamisch verändernden Arbeits- und Lebenswelt" (BMFSFJ 2005: 4). Vorteile für Unternehmen, die Beschäftigten und die Gesellschaft werden in Aussicht gestellt. Im Rahmen einer umfassenden Personalpolitik, die familienfreundlich, altersgerecht und gesundheitspräventiv ist, soll die Innovationsfähigkeit von Unternehmen erhöht werden. Die Globalisierung, aber auch die demografische Entwicklung machen diesen Schritt erforderlich. Die geringe Erwerbsbeteiligung bestimmter Bevölkerungsgruppen ist für das soziale System nicht mehr tragbar. Notwendig ist die Flexibilisierung der

Arbeitszeit für das Unternehmen, also angepasst an die Auftragslage aber auch an die private Lebenssituation der Arbeitnehmer. Erwerbsarbeit und Privatleben müssen stärker aufeinander abgestimmt werden, wodurch sich dann vielerlei Vorteile ergeben würden. Für die Beschäftigten wird die Berufsbiografie planbarer, Kinderwünsche können früher realisiert werden, Weiterbildungsmaßnahmen festigen die Beschäftigungsfähigkeit, Frauen können Beruf und Familie besser vereinbaren. Zufriedene und leistungsfähige Beschäftigte erhöhen zudem die Wirtschaftlichkeit des Unternehmens. Das Image wird verbessert, zudem werden qualifizierte Fachkräfte angelockt. Auch auf gesellschaftlicher Ebene sind bei fortschreitender Umsetzung des „Work-Life-Balance" Programms Vorteile zu erwarten. Die Ausweitung der Erwerbsbeteiligung erhöht das durchschnittliche Haushaltseinkommen, und auch das gesamtwirtschaftliche Wachstum profitiert von einer erhöhten Wettbewerbsfähigkeit der Unternehmen (ebd.: 4ff).

Ein positives Beispiel der Umsetzung dieser Idee ist das Pilotprojekt "Flexibilisierung der Arbeitszeit" an der Johannes Gutenberg-Universität Mainz (JGU 2003: o.S.).[90] Allerdings zeigt sich auch in dem Urteil des Leipziger Amtsgerichts vom 15.02.2012, dass gerade Arbeitgeberinteressen unterstützt werden und noch nicht von einer Mentalität im Sinne des „Flexicurity" Konzepts gesprochen werden kann. So ging es bei dem Rechtsstreit zwischen der Firma BMW und deren Betriebsrat um die Frage, ob verstärkt Leiharbeiter beschäftigt werden dürfen. Der Betriebsrat fordert stattdessen mehr unbefristete Verträge, verlor aber den Prozess (AZ 2012b: o.S.). Auch Richard Sennett weist in seinem kapitalismuskritischen Werk daraufhin, dass Flexibilität einseitig von den Arbeitnehmern verlangt Risiken einzugehen, auf kurzfristige Veränderungen schnell zu reagieren und sich anzupassen. Dadurch wird bei den Arbeitnehmern Angst erzeugt, so Sennett. Der Wandel von starr vorgegebenen und vorhersehbaren Prozessen und Karrieren wird häufig als neue Freiheit vermarktet; faktisch geht aber auch die Flexibilisierung einher mit Macht- und Kontrollstrukturen (ebd.: 2000: 10ff). Auch Sennett stellt die, diesem Buch zugrundeliegenden, Frage: „Wie (…) können langfristige Ziele verfolgt werden, wenn man im Rahmen einer ganz auf kurzfristig ausgerichteten Ökonomie lebt?" (ebd.: 12).

Dieses Buch hat gezeigt, dass sich gerade die Berufssituation auf den Kinderwunsch und die Familienplanung auswirkt. Das Berufsleben darf nicht das Familienleben dominieren! Denn wie schon ein altes Sprichwort sagt: „Arbeit ist nur das halbe Leben!"

[90] vgl.: http://zope.verwaltung.uni-mainz.de/personalrat/artikel/archiv/Flexi

Literaturverzeichnis

AZ, Allgemeine Zeitung (Hg.) (2012a): Kindersoli? Nein, danke! Ausgabe vom 15.02.2012. Mainz: Rhein Main Presse.

AZ, Allgemeine Zeitung (Hg.) (2012b): Kindersoli? Nein, danke! Ausgabe vom 15.02.2012. Mainz: Rhein Main Presse. WWW-Dokument: http://www.allgemeine-zeitung.de/nachrichten/wirtschaft/meldungen/11669360.htm

Backhaus, Klaus et al. (2011): Multivariate Analysemethoden. Eine anwendungsorientierte Einführung. 13. Auflage. Berlin & Heidelberg: Springer Lehrbuch.

Bauer, Gerrit und Jacob, Marita (2010): Fertilitätsentscheidungen im Partnerschaftskontext. Eine Analyse der Bedeutung der Bildungskonstellation von Paaren für die Familiengründung anhand des Mikrozensus 1996-2004. In: Kölner Zeitschrift für Soziologie und Sozialpsychologie, Jg. 62, Heft 1, S. 31-60.

Becker, Katharina (2011): Der Kinderwunsch kinderloser Männer im für die Familiengründung relevanten Alter. In: Bevölkerungsforschung Aktuell. Mitteilungen aus dem Bundesinstitut für Bevölkerungsforschung 04/2011, Jg. 32, S. 2-6.

Best, Henning und Wolf, Christof (2010): Logistische Regression. In: Wolf, Christof und Best, Henning (Hg.): Handbuch der sozialwissenschaftlichen Datenanalyse. Wiesbaden: VS-Verlag für Sozialwissenschaften, S. 827-854.

BIB, Bundesinstitut für Bevölkerungsforschung (Hg.) (2004): Bevölkerung. Fakten - Trends - Ursachen - Erwartungen. Die wichtigsten Fragen. Sonderheft der Schriftreihe des BIB. Wiesbaden: Bundesinstitut für Bevölkerungsforschung.

BIB, Bundesinstitut für Bevölkerungsforschung (Hg.) (2005): Generations & Gender Programm - Journal 2005. Wiesbaden: Bundesinstitut für Bevölkerungsforschung. WWW-Dokument: http://www.bib-demografie.de/cln_099/nn_979622/SharedDocs/Publikationen/DE/GGS/GGS__ JOURNAL2005, templateId=raw,property=publicationFile.pdf/GGS_JOURNAL2005.pdf, (Zugriff: 29.07.2011).

Blossfeld, Hans-Peter et al. (2007): Globalisierung und die Veränderung sozialer Ungleichheiten in modernen Gesellschaften. Eine Zusammenfassung der Ergebnisse des GLOBALIFE-Projektes. In: Kölner Zeitschrift für Soziologie und Sozialpsychologie, Jg. 59, Heft 4, S. 667-691.

Blossfeld, Hans-Peter; Hofäcker, Dirk; Hofmeister, Heather und Kurz, Karin (2008): Globalisierung, Flexibilisierung und der Wandel von Lebensläufen in modernen Gesellschaften. In: Szydlik, Marc: Flexibilisierung: Folgen für Arbeit und Familie. Wiesbaden: VS Verlag für Sozialwissenschaften, S. 23-46.

BMFSFJ, Bundesministerium für Familie, Senioren, Frauen und Jugend (Hg.) (2005): Work Life Balance. Motor für wirtschaftliches Wachstum und gesellschaftliche Stabilität. Analyse der volkswirtschaftlichen Effekte – Zusammenfassung der Ergebnisse. WWW-Dokument: http://www.bmfsfj.de/RedaktionBMFSFJ/Broschuerenstelle/Pdf-Anlagen/Work-Life-Balance,property=pdf.pdf, (Zugriff: 19.01.2012).

Brehmer, Wolfram und Seifert, Hartmut (2008): Sind atypische Beschäftigungsverhältnisse prekär? Eine empirische Analyse sozialer Risiken. In: Zeitschrift für ArbeitsmarktForschung, Jg. 41, H. 4, S. 501-531. WWW-Dokument: http://doku.iab.de/zaf/2008/2008_4_zaf_Brehmer_Seifert.pdf, (Zugriff: 30.11.2011).

Brose, Nicole (2008): Entscheidung unter Unsicherheit - Familiengründung und -erweiterung im Erwerbsverlauf. In: Kölner Zeitschrift für Soziologie und Sozialpsychologie, Jg. 60, Heft 1, S. 30-62.

Buchholz, Sandra und Blossfeld, Hans-Peter (2009): Beschäftigungsflexibilisierung in Deutschland - Wen betrifft sie und wie hat sie sich auf die Veränderung sozialer Inklusion/Exklusion in Deutschland ausgewirkt? In: Stichweh, Rudolf und Windolf, Paul (Hg.): Inklusion und Exklusion: Analysen zur Sozialstruktur und sozialer Ungleichheit. Wiesbaden: VS Verlag für Sozialwissenschaften, S. 123-138.

Burkart, Günter (2002): Entscheidung zur Elternschaft revisited. Was leistet der Entscheidungsbegriff für die Erklärung biografischer Übergänge? In: Schneider, Norbert F. und Matthias-Bleck, Heike: Elternschaft heute. Gesellschaftliche Rahmenbedingungen und individuelle Gestaltungsaufgaben. Zeitschrift für Familienforschung, Sonderheft 2. Opladen: Leske + Budrich, S. 23-48.

Burkart, Günter (2006): Positionen und Perspektiven. Zum Stand der Theoriebildung in der Familiensoziologie. In: Zeitschrift für Familienforschung, Jg. 18, Heft 2, S. 175-205.

DESTATIS, Statistisches Bundesamt (Hg.) (o.J.): Eckzahlen zum Arbeitsmarkt - Deutschland für die Jahre 2009 und 2010. WWW-Dokument: http://www.destatis.de/jetspeed/portal/cms/Sites/destatis /Internet/DE/Content/Statistiken/Arbeitsmarkt/content75/Eckwertetabelle,templateId=renderPrint.psml (Zugriff: 22.08.2011).

DESTATIS, Statistisches Bundesamt (Hg.) (2004): Leben und Arbeiten in Deutschland. Ergebnisse des Mikrozensus 2003. Wiesbaden: Statistisches Bundesamt.

DESTATIS, Statistisches Bundesamt (Hg.) (2007): Geburten in Deutschland. Wiesbaden: Statistisches Bundesamt. WWW-Dokument: http://www.destatis.de/jetspeed/portal/cms/Sites/destatis/Internet/DE/ Content/Publikationen/Fachveroeffentlichungen/Bevoelkerung/Bevoelkerungsbewegung/Broschuere Geburten Deutschland0120007079004,property=file.pdf, (Zugriff: 19.08.2011).

DESTATIS, Statistisches Bundesamt (Hg.) (2008): Atypische Beschäftigung auf dem deutschen Arbeitsmarkt. Begleitmaterial zum Pressegespräch am 9. September 2008 in Frankfurt am Main. Wiesbaden: Statistisches Bundesamt.

DESTATIS, Statistisches Bundesamt (Hg.) (2009): Bevölkerung Deutschlands bis 2060, 12. koordinierte Bevölkerungsvorausberechnung. Wiesbaden: Statistisches Bundesamt. WWW-Dokument: http://www.destatis.de/jetspeed/portal/cms/Sites/destatis/Internet/DE/Presse/pk/2009/Bevoelkerung/pr essebroschuere__bevoelkerungsentwicklung2009,property=file.pdf, (Zugriff: 20.07.2011).

DESTATIS, Statistisches Bundesamt (Hg.) (2011a): Geburtenentwicklung. WWW-Dokument: http://www.destatis.de/jetspeed/portal/cms/Sites/destatis/Internet/DE/ Content/Statistiken/ Bevoelkerung/AktuellGeburtenentwicklung,templateId=renderPrint.psml, (Zugriff: 14.08.2011).

DESTATIS, Statistisches Bundesamt (Hg.) (2011b): Beschäftigungszuwachs 2010 zu großen Teilen von Zeitarbeit getragen. WWW-Dokument: http://www.destatis.de/jetspeed/portal/cms/Sites/ destatis/Internet/DE/Content/Statistiken/Arbeitsmarkt/Aktuell,templateId=renderPrint.psml, (Zugriff: 07.10.2011).

Diaz-Bone, Rainer (2006): Statistik für Soziologen. Konstanz: UVK Verlagsgesellschaft.

Diekmann, Andreas (2005): Empirische Sozialforschung. Grundlagen, Methoden, Anwendungen. 14. Auflage, Reinbek bei Hamburg: Rowohlt Taschenbuch Verlag GmbH.

Diekmann, Andreas und Voss, Thomas (2004): Die Theorie rationalen Handelns. Stand und Perspektiven. In: ebd. (Hg.): Rational-Choice-Theorie in den Sozialwissenschaften. Anwendungen und Probleme. In: Hegselmann, Rainer et al. (Hg.): Scientia Nova. München: Oldenbourg, S. 13-29.

Diewald, Martin; Brose, Hans-Georg und Goedicke Anne (2007): Wechselwirkungen zwischen pluralen Lebensformen und betrieblichen Beschäftigungspolitiken. In: Kronauer, Martin und Linne, Gudrun (Hg.): Flexicurity. Die Suche nach der Sicherheit in der Flexibilität. In: Schriftenreihe: Forschung aus der Hans-Böckler-Stiftung, 65. 2. unveränderte Auflage. Berlin: edition sigma, S. 223-247.

Düntgen, Alexandra und Diewald, Martin (2008): Auswirkungen der Flexibilisierung von Beschäftigung auf eine erste Elternschaft. In: Szydlik, Marc: Flexibilisierung: Folgen für Arbeit und Familie. Wiesbaden: VS Verlag für Sozialwissenschaften, S. 213-231.

Eckhard, Jan und Klein, Thomas (2006): Männer, Kinderwunsch und generatives Verhalten. Eine Auswertung des Familiensurvey zu Geschlechterunterschieden in der Motivation zur Elternschaft. In: Schriften des Deutschen Jugendinstituts: Familiensurvey, Band 13. Wiesbaden: VS Verlag für Sozialwissenschaften.

Esser, Hartmut (2009a): Soziologische Anstöße. In: Hill, Paul et al. (Hg.): Hartmut Essers Erklärende Soziologie. Kontroversen und Perspektiven. Frankfurt & New York: Campus Verlag, S. 17-27.

Esser, Hartmut (2009b): Erwiderung: Bringing society (back) in! In: Hill, Paul et al. (Hg.): Hartmut Essers Erklärende Soziologie. Kontroversen und Perspektiven. Frankfurt & New York: Campus Verlag, S. 255-286.

United Nations Economic Commission for Europe (2005): Generations & Gender Programme: Survey Instruments. New York and Geneva: United Nations.

Eurostat (2011): Arbeitslosenquote des Euroraums bei 10,0%, Quote der EU27 bei 9,5. In: Eurostat Pressemitteilung Euroindikatoren, 124/2011 - 31. August 2011. WWW-Dokument: http://epp. eurostat.ec.europa.eu/cache/ITY_PUBLIC/3-31082011-BP/DE/3-31082011-BP-DE.PD, (Zugriff: 02.09.2011).

Fromm, Sabine (2010): Datenanalyse mit SPSS für Fortgeschrittene: Multivariate Verfahren für Querschnittsdaten. Wiesbaden: VS Verlag für Sozialwissenschaften.

Grundert, Stefanie und Hohendanner, Christian (2011): Leiharbeit und befristete Beschäftigung. Soziale Teilhabe ist eine Frage von stabilen Jobs. In: IAB-Kurzbericht, aktuelle Analysen aus dem Institut für Arbeitsmarkt- und Berufsforschung 4/2011. WWW-Dokument: http://doku.iab.de/ kurzber/2011/ kb0411.pdf, (Zugriff: 02.08.2011).

Hakim, Catherine (2003a): A New Approach to Explaining Fertility Patterns: Preference Theory. In: Population and Development Review, Vol. 29, No. 3, pp. 349-374.

Hakim, Catherine (2003b): Models of the family in modern societies. Ideals and realities. Aldershot: Ashgate.

Hill, Paul B. und Kopp, Johannes (2000): Fertilitätsentwicklung: Trends, Erklärungen und empirische Ergebnisse. In: Mueller, Ulrich; Nauck, Bernhard; Diekmann, Andreas (Hg.): Handbuch der Demographie. Band 2: Anwendungen. Berlin/Heidelberg/New York: Springer, S. 729-750.

Höhn, Charlotte; Ette, Andreas und Ruckdeschel, Kerstin (2006): Kinderwünsche in Deutschland – Konsequenzen für eine nachhaltige Familienpolitik. Stuttgart: Robert-Bosch-Stiftung. WWW-Dokument: http://www.bib-demografie.de/cln_090/nn_750530/SharedDocs/Publikationen/DE/Download/Broschueren/kinderwunschstudie__2006,templateId=raw,property=publicationFile.pdf/kinderwunschstudie_2006.pdf, (Zugriff: 09.02.2011).

Hradil, Stefan (2001): Soziale Ungleichheit in Deutschland, 8. Auflage. Wiesbaden: VS Verlag für Sozialwissenschaften.

Hradil, Stefan (2004): Die Sozialstruktur Deutschlands im internationalen Vergleich. Wiesbaden: VS Verlag für Sozialwissenschaften.

Huinink, Johannes (1989): Das zweite Kind. Sind wir auf dem Weg zur Ein-Kind-Familie? In: Zeitschrift für Soziologie, Jg. 18, Heft 3, S. 192-207.

Huinink, Johannes (1995): Warum noch Familie? Zur Attraktivität von Partnerschaft und Elternschaft in unserer Gesellschaft. Frankfurt & New York: Campus Verlag.

Huinink, Johannes (2000): Bildung und Familienentwicklung im Lebensverlauf. In: Zeitschrift für Erziehungswissenschaften 3, Heft 2, S. 209-227.

Huinink, Johannes (2001): Entscheidungs- und Vereinbarkeitsprobleme bei der Wahl familialer Lebensformen. In: Huinink, Johannes, Strohmeier; Klaus Peter; Wagner, Michael (Hg.): Solidarität in Partnerschaft und Familie. Zum Stand familiensoziologischer Theoriebildung. Würzburg: Ergon Verlag, S. 145-165.

Huinink, Johannes (2002a): Polarisierung der Familienentwicklung in europäischen Ländern im Vergleich. In: Schneider, Norbert ; Matthias-Bleck, Heike (Hg.): Elternschaft heute. Gesellschaftliche Rahmenbedingungen und individuelle Gestaltungsaufgaben. Opladen: Leske + Budrich, S. 49-74.

Huinink, Johannes (2002b): Familienentwicklung in europäischen Ländern: Zur Erklärung von Polarisierungsphänomenen. In: Dorbritz, Jürgen und Otto, Johannes (Hg.): Materialien zur Bevölkerungswissenschaft, Heft 108: Familienpolitik und Familienstrukturen. Ergebnisse der gemeinsamen Jahrestagung der Deutschen Gesellschaft für Bevölkerungswissenschaft und der Johann-Peter-Süßmilch-Gesellschaft für Demographie Berlin, 21. - 23. Juni 2001. Wiesbaden: Bundesinstitut für Bevölkerungsforschung, S. 47-60.

Huinink, Johannes (2008): Gegenstand der Familiensoziologie. In: Schneider, Norbert F. (Hg.): Familie: Lehrbuch moderne Familiensoziologie. Opladen & Farmington Hills: Verlag Barbara Budrich, S. 23-40.

Huinink, Johannes und Feldhaus, Michael (2008): Beziehungs- und Familienentwicklung – eine konzeptionelle Einführung in ein Forschungsprogramm. Chemnitz: Pairfam. WWW-Dokument: http://www.pairfam.uni-bremen.de/fileadmin/user_upload/redakteur/sonst/Theorie/theoretischer_ bezugsrahmen.pdf, (Zugriff: 14.09.2011).

Janzen, Irina (2010): Männer im Konflikt. Traditionen, „Neue Vaterschaft" und Kinderlosigkeit. Marburg: Tectum Verlag.

JGU, Johannes Gutenberg-Universität (Hg.) (2003): Start des Pilotprojektes "Flexibilisierung der Arbeitszeit". WWW-Dokument. http://zope.verwaltung.uni-mainz.de/personalrat/artikel/archiv/Flexi, (Zugriff: 14.01.2012).

Klammer, Ute (2007): Flexicurity aus der Perspektive des Lebensverlaufs. In: Kronauer, Martin und Linne, Gudrun (Hg.): Flexicurity. Die Suche nach der Sicherheit in der Flexibilität. In: Schriftenreihe: Forschung aus der Hans-Böckler-Stiftung, 65. 2. unveränderte Auflage. Berlin: edition sigma, S. 249-273.

Keller, Berndt und Seifert, Hartmut (2007): Atypische Beschäftigungsverhältnisse. Flexibilistät, soziale Sicherheit und Prekarität. In: ebd. (Hg.): Atypische Beschäftigung - Flexibilisierung und soziale Risiken. In: Schriftenreihe: Forschung aus der Hans-Böckler-Stiftung, 81. Berlin: edition sigma, S. 11-25.

Klein, Thomas (2003): Die Geburt von Kindern in paarbezogener Perspektive. In: Zeitschrift für Soziologie, Jg. 32, Heft 6, S. 506-527.

Klenner, Christina (2005): Balance von Beruf und Familie - Ein Kriterium guter Arbeit. In: WIS Mitteilung 4/2005: Gute Arbeit - schlechte Arbeit: Für eine Diskussion zur Qualität der Arbeit. WWW-Dokument: http://www.boeckler.de/pdf/wsimit_2005_04_klenner.pdf, (Zugriff: 30.07.2011).

Klijzing, Erik (2005): Globalization and the early life course. A description of selected economic and demographic trends. In: Blossfeld, Hans-Peter et al.: Globalization, Uncertainty and Youth in Society. In: Routledge advances in sociology, 15. London & New York: Routledge, pp. 25-49.

Kopp, Johannes (2002): Geburtenentwicklung und Fertilitätsverhalten : theoretische Modellierungen und empirische Erklärungsansätze. Konstanz: UVK-Verlagsgesellschaft.

Kreyenfeld, Michaela (2008): Ökonomische Unsicherheit und der Aufschub der Familiengründung. In: Szydlik, Marc: Flexibilisierung: Folgen für Arbeit und Familie. Wiesbaden: VS Verlag für Sozialwissenschaften, S. 232-254.

Kreyenfeld, Michaele (2010): Uncertainties in Female Employment Careers and the Postponement of Parenthood in Germany. In: European Sociologial Review, Vol. 26, Nr. 3, WWW-Dokument: http://esr.oxfordjournals.org/content/26/3/351.full.pdf+html, (Zugriff: 30.11.2011).

Kreyenfeld, Michaela und Konietzka, Dirk (2008): Wandel der Geburten- und Familienentwicklung in West- und Ostdeutschland. In: Schneider, Norbert F. (Hg.): Familie: Lehrbuch moderne Familiensoziologie. Opladen & Farmington Hills: Verlag Barbara Budrich, S. 121-137.

Kreyenfeld, Michaela und Konietzka, Dirk (2010): The growing educational divide in mothers′ employment: an investigation based on the German micro-censuses 1976-2004. In: Work, employment and society, Vol. 24, Nr. 2, WWW-Dokument: http://wes.sagepub.com/content/24/2/260.full.pdf+html, (Zugriff: 30.11.2011).

Kronauer, Martin und Linne, Gudrun (2007): Flexicurity: Leitbild, Rhetorik oder halbherziger Kompromiss? In: ebd. (Hg.): Flexicurity. Die Suche nach der Sicherheit in der Flexibilität. In: Schriftenreihe: Forschung aus der Hans-Böckler-Stiftung, 65. 2. unveränderte Auflage. Berlin: edition sigma, S. 9-28.

Kurz, Karin; Steinhage, Nikolei und Golsch, Katrin (2005): Globalization, uncertainty and the early life course. A theoretical framework. In: Blossfeld, Hans-Peter et al.: Globalization, Uncertainty and Youth in Society. In: Routledge advances in sociology, 15. London &New York: Routledge, pp. 51-81.

Leim, Iris (2008): Die Modellierung der Fertilitätsentwicklung als Folge individueller Entscheidungsprozesse mit Hilfe der Mikrosimulation. In: Beckenbach, Frank et al. (Hg.): Social Science Simulations, Band 5. Marburg: Metropolis-Verlag.

Luy, Marc und Pötsch, Olga (2010): Schätzung der tempobereinigten Geburtenziffer für West- und Ostdeutschland, 1955-2008. In: Comparative Population Studies – Zeitschrift für Bevölkerungswissenschaft, Jg. 35, 3, S. 569-604. WWW-Dokument: http://www.comparativepopulation stdies.de/ index.php/CPoS/article/view/53/37, (Zugriff: 30.09.2011).

Mayer, Karl Ulrich; Grundow, Daniela und Nitsche, Natalie (2010): Mythos Flexibilisierung? Wie instabil sind Berufsbiografien wirklich und als wie instabil werden sie wahrgenommen? In: Zeitschrift für Soziologie und Sozialpsychologie, Jg. 62, Heft 3, S. 369-402.

Mills, Melinda und Blossfeld, Hans-Peter (2003): Globalization, Uncertainty and Changes in Early Life Courses. In: Zeitschrift für Erziehungswissenschaft, Jahrgang 6, Heft 2/2003, pp. 188-218.

Mills, Melinda und Blossfeld, Hans-Peter (2005): Globalization, uncertainty and the early life course. A theoretical framework. In: Blossfeld, Hans-Peter et al.: Globalization, Uncertainty and Youth in Society. In: Routledge advances in sociology, 15. London &New York: Routledge, pp. 1-24.

Naderi, Robert; Dorbritz, Jürgen und Ruckdeschel, Kerstin (2009): Einleitung - Der Generations and Gender Survey in Deutschland: Zielsetzung, Verortung, Einschränkungen und Potentiale. In: Zeitschrift für Bevölkerungswissenschaft, Vol. 34, Nr. 1-2. Wiesbaden: Bundesinstitut für Bevölkerungsforschung. WWW-Dokument: http://www.springerlink.com/content/1g241302910m8003/, (Zugriff: 03.07.2011).

Opp, Karl-Dieter (2002): Methodologie der Sozialwissenschaften. Einführung in Probleme ihrer Theoriebildung und praktischen Anwendungen, 5. überarbeitete Auflage. Wiesbaden: Westdeutscher Verlag.

Pötzsch, Olga und Sommer, Bettina (2009): Generatives Verhalten der Frauenkohorten im langfristigen Vergleich Ergebnisse der laufenden Statistik der Geburten und der Erhebung „Geburten in Deutschland". In: Wirtschaft und Statistik 5/2009. Wiesbaden: Statistisches Bundesamt. WWW-Dokument: http://www.destatis.de/jetspeed/portal/cms/Sites/destatis/Internet/DE/Content/ Publikationen/Querschnittsveroeffentlichungen/WirtschaftStatistik/Bevoelkerung/Frauenkohorten509,property=file.pdf, (Zugriff: 08.08.2011)

Ruckdeschel, Kerstin et al. (2006): Generation and Gender Survey – Dokumentation der ersten Welle der Hauptbefragung in Deutschland. In: Materialien zur Bevölkerungswissenschaft, Heft 121a. Wiesbaden: Bundesinstitut für Bevölkerungsforschung.

Ruckdeschel, Kerstin und Naderi, Robert (2009): Fertilität von Männern. In: Bevölkerungsforschung aktuell, Mitteilungen aus dem Bundesinstitut für Bevölkerungsforschung Heft 4, Jg.: 30, S. 2-9.

Rupp, Marina und Blossfeld, Hans-Peter (2008): Familiale Übergänge: Eintritt in nichteheliche Lebensgemeinschaften, Heirat, Trennung und Scheidung, Elternschaft. In: Schneider, Norbert F. (Hg.): Familie: Lehrbuch moderne Familiensoziologie. Opladen & Farmington Hills: Verlag Barbara Budrich, S. 65-78.

Schier, Michaela; Szymenderski, Peggy und Jurczyk, Karin (2007): Eltern in entgrenzter Erwerbsarbeit - differenzierte und flexible Betreuungsbedarfe. Teilergebnisse einer qualitativen Studie im Einzelhandel und in der Film- und Fernsehbranche. München: Deutsches Jugendinstitut. WWW-Dokument: http://www.dji.de/bibs/359_8113_ENTAF_Arbeitspapier_2.pdf, (Zugriff: 16.02.2011).

Schmitt, Christian (2005). Kinderlosigkeit bei Männern - Geschlechtsspezifische Determinanten ausbleibender Elternschaft. In: Tölke, Angelika und Hank, Karsten (Hg.): Männer - das „vernachlässigte" Geschlecht in der Familienforschung. Zeitschrift für Familienforschung, Sonderheft 4. Wiesbaden: VS Verlag für Sozialwissenschaften, S. 18-43.

Schmitt, Christian (2007): Familiengründung und Erwerbstätigkeit im Lebenslauf. In: soFid - Sozialwissenschaftlicher Fachinformationsdienst 02/2007: Familienforschung. Bonn: Leibnitz Gemeinschaft: 9-15. WWW-Dokument: http://www.gesis.org/fileadmin/upload/dienstleistung/ fachinformationen/servicepublikationen/sofid/Gesamtdateien/Familienforschung/Familien_07-02_GD.pdf, (Zugriff: 16.02.2011).

Schneider, Norbert F. (2002): Kindeswohl - zum Wohl des Kindes? In: Zeitschrift für die praktische Anwendung und Umsetzung des Kindschaftsrechts, Jg.: 5/2002. Köln: Bundesanzeiger-Verlag, S. 147-152.

Schneider, Norbert F. (2005): Leben an zwei Orten. Die Folgen beruflicher Mobilität für Familie und Partnerschaft. In: Mischau, Anina und Oechsle, Mechthild (Hg.): Arbeitszeit - Familienzeit - Lebenszeit. Verlieren wir die Balance? Zeitschrift für Familienforschung, Sonderheft Nr. 5. Wiesbaden: VS Verlag für Sozialwissenschaften, S. 110-126.

Schneider, Norbert F. (2008): Grundlagen der sozialwissenschaftlichen Familienforschung – Einführende Betrachtungen. In: ders. (Hg.): Familie: Lehrbuch moderne Familiensoziologie. Opladen & Farmington Hills: Verlag Barbara Budrich, S. 9-21.

Schneider, Norbert F. (2011): Zur Zukunft der Familie in Europa: Vielfalt und Konvergenz. In: Bertram, Hans (Hg.): Familie, Bindung, Care. Budrich Verlag (Im Erscheinen): Opladen: 1-14. WWW-Dokument: https://www.zdv.uni-mainz.de/readerplus/, (Zugriff: 14.01.2011).

Schneider, Norbert F.; Rosenkranz, Doris und Limmer, Ruth (1998): Nichtkonventionelle Lebensformen. Entstehung, Entwicklung, Konsequenzen. Opladen: Leske + Budrich.

Schneider, Norbert F. und Jürgen Dorbritz (2011): Wo bleiben die Kinder? Der niedrigen Geburtenrate auf der Spur. In: Aus Politik und Zeitgeschichte, 10-11. Beilage zur Wochenzeitung Das Parlament, S. 26-34.

Schneider, Wolfgang Ludwig (2005): Grundlagen der soziologischen Theorie. Band 2: Garfinkel – RC – Habermas – Luhmann, 2. Auflage. Wiesbaden: VS Verlag für Sozialwissenschaften.

Schröder, Jette und Brüderle, Josef (2008): Der Effekt der Erwerbstätigkeit von Frauen auf die Fertlität: Kausalität oder Selbstselektion? In: Zeitschrift für Soziologie, Jg. 37, Heft 2, S. 117-136.

Schulze, Hans (2002): Wechselwirkung zwischen staatlicher Familienpolitik und dem Erziehungsalltag von Eltern. In: Dorbritz, Jürgen und Otto, Johannes (Hg.): Materialien zur Bevölkerungswissenschaft, Heft 108: Familienpolitik und Familienstrukturen. Ergebnisse der gemeinsamen Jahrestagung der Deutschen Gesellschaft für Bevölkerungswissenschaft und der Johann-Peter-Süßmilch-Gesellschaft für Demographie Berlin, 21.-23. Juni 2001. Wiesbaden: Bundesinstitut für Bevölkerungsforschung, S. 31-46.

Sennett, Richard (2000): Der flexible Mensch: die Kultur des neuen Kapitalismus (Orig., 1998: The Corrosion of Character). 1. vollständige Taschenbuchausgabe. München: Goldmann.

Sobotka, Tomáš und Lutz, Wolfgang (2010): Wie Politik durch falsche Interpretationen der konventionellen Perioden-TFR in die Irre geführt wird: Sollten wir aufhören, diesen Indikator zu publizieren? In: Comparative Population Studies – Zeitschrift für Bevölkerungswissenschaft, Jg. 35, 3, S. 665-696. WWW-Dokument: http://www.comparativepopulation studies.de/index.php/CPoS/article/view/54/39, (Zugriff: 30.09.2011).

Statistische Ämter des Bundes und der Länder (Hg) (2010): Informationen zum Mikrozensus. Wiesbaden: Statistisches Bundesamt.

Statistische Ämter des Bundes und der Länder (Hg) (2011): Demografischer Wandel in Deutschland, Heft 1, Bevölkerungs- und Haushaltsentwicklung im Bund und in den Ländern. Wiesbaden: Statistisches Bundesamt.

Steingart, Garbor (2005): Der deutsche Defekt. In: Spiegel Spezial, das Magazin zum Thema, Heft 4, Hamburg: SPIEGEL-Verlag Rudolf Augstein GmbH & Co. KG., S. 122-128.
Stern (Hg.) (2011): Til-Mette-Cartoons. In: Stern, Ausgabe 29/2011. Hamburg: Gruner und Jahr AG & Co. KG, S. 59.

Strohmeier, Klaus Peter (1993) Pluralisierung und Polarisierung der Lebensformen in Deutschland. Aus Politik und Zeitgeschichte, Band 17, S. 11-22.

Szydlik, Marc (2008): Flexibilisierung und die Flogen. In: ders. (Hg.): Flexibilisierung: Folgen für Arbeit und Familie. Wiesbaden: VS Verlag für Sozialwissenschaften, S. 7-22.

TNS-Infratest (2005): Generations and Gender Survey. Grundauszählung der Ergebnisse der ersten Welle der Hauptbefragung in Deutschland. WWW-Dokument: http://www.bib-demografie.de/cln_090/nn_979622/SharedDocs/Publikationen/DE/GGS/GGS__tabellenband2,templateId=raw,property=publicationFile.pdf/GGS_tabellenband2.pdf (Zugriff: 22.08.2011).

Von der Heyde, Christian (2009): Das ADM-Stichprobensystem für persönlich-mündliche Befragungen. WWW-Dokument: http://www.adm-ev.de/fileadmin/user_upload/PDFS/Beschreibung-ADM-Stichproben-f2f_DE.pdf, (Zugriff: 02.12.2011).

Voß, Günter G. und Weiß, Cornelia (2005): Subjektivierung von Arbeit - Subjektivierung von Arbeitskraft. In: Kurz-Scherf, Ingrid; Correll, Lena und Janczyk, Stefanie (Hg.): In Arbeit: Zukunft. Die Zukunft der Arbeit und der Arbeitsforschung liegt in ihrem Wandel. Münster: Verlag Westfälisches Dampfboot, S. 139-151.

Wingerter, Christian (2008): Arbeitsmarkt und Erwerbstätigkeit. In: Statistisches Bundesamt (Hg.): Auszug aus dem Datenreport 2008: Arbeitsmarkt und Erwerbstätigkeit, Kapitel 5. Wiesbaden: Statistisches Bundesamt. WWW-Dokument: http://www.destatis.de /jetspeed/ poral/cms/Sites/destatis/ Internet/DE/Content/Publikationen/Querschnittsveroeffentlichungen/Datenreport/Downloads/Datenreport2008Arbeitsmarkt, property=file.pdf, (Zugriff: 22.08.2011), S. 109-139.

Wingerter, Christian (2009): Der Wandel der Erwerbsformen und seine Bedeutung für die Einkommenssituation Erwerbstätiger. In: Wirtschaft und Statistik 11/2009. Wiesbaden: Statistisches Bundesamt. WWW-Dokument: http://www.destatis.de/jetspeed/portal/cms/Sites/destatis/Internet/DE/Content/Publikationen/Querschnittsveroeffentlichungen/WirtschaftStatistik/Arbeitsmarkt/WandelErwerbsformen,property=file.pdf, (Zugriff: 09.09.2011), S. 1080-1098.

Ziefle, Andrea (2009): Familienpolitik als Determinante weiblicher Lebensverläufe? Die Auswirkungen des Erziehungsurlaubs auf Familien- und Erwerbsbiographien in Deutschland. Wiesbaden: VS Verlag für Sozialwissenschaften.

Anhang

Abbildung 11: Zusammengefasste Geburtenrate von 1952 - 2009 in Deutschland

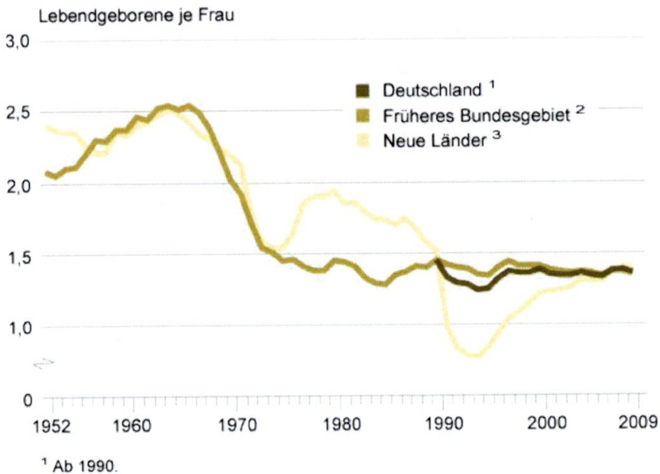

(Quelle: DESTATIS 2011a: o.S.)

Abbildung 12: Globalisierung und die Folgen steigender Unsicherheit

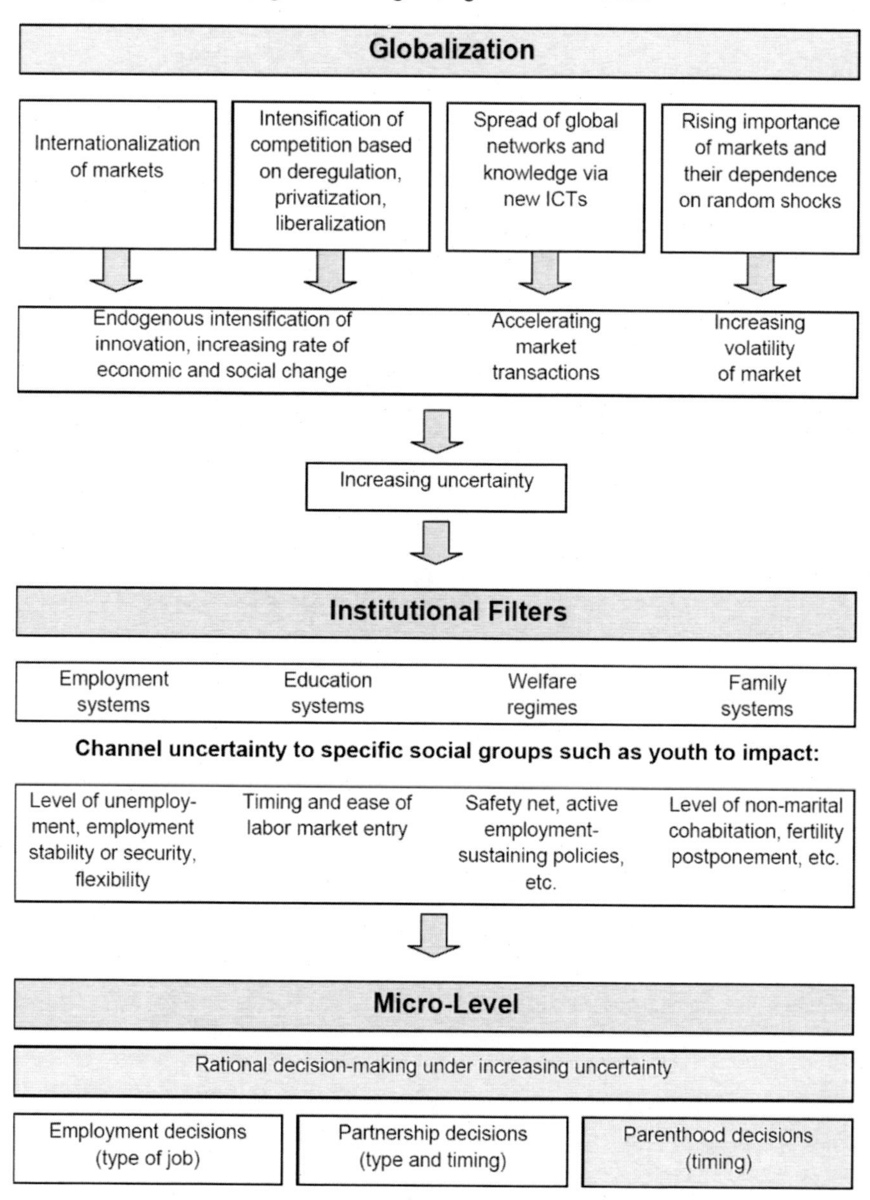

(Quelle: Mills/Blossfeld 2003: 192)

Tabelle 9: Nettostichprobe und gewichtete Stichprobe des GGS 2005 im Vergleich

		Stichprobe	Struktur nach Gewichtung	Sollstruktur (Bev-Fortschr. 2033)
Bildung / West				
	Noch Schüler	**1,5%**	**1,7%**	**1,5%**
	Niedrig	**40,2%**	**51,9%**	**51,9%**
	Mittel	**30,3%**	**22,6%**	**23,2%**
	Hoch	**28,0%**	**23,8%**	**23,3%**
Bildung / Ost				
	Noch Schüler	**0,7%**	**1,1%**	**1,9%**
	Niedrig	**28,4%**	**31,1%**	**30,7%**
	Mittel	**48,4%**	**47,1%**	**47,7%**
	Hoch	**22,5%**	**20,8%**	**19,7%**
Haushaltsgröße / West		**Hier: Haushaltsgewichtung**		
	1-Personen-HH	**24,5%**	**37,1%**	**37,2%**
	2-Personen-HH	**33,7%**	**33,5%**	**33,5%**
	HH mit mehr als zwei Personen	**41,5%**	**29,4%**	**29,4%**
Haushaltsgröße / Ost		**Hier: Haushaltsgewichtung**		
	1-Personen-HH	**27,5%**	**36,5%**	**36,5%**
	2-Personen-HH	**38,9%**	**35,3%**	**35,3%**
	HH mit mehr als zwei Personen	**33,6%**	**28,2%**	**28,2%**

(Quelle: Ruckdechel et al. 2006: 18)

Tabelle 10: Kinderwunsch von Kinderlosen und Eltern

		Kinderlose	Eltern	Gesamt
Kinderwunsch	ja	452	345	797
		46,6%	17,8%	27,4%
	nein	517	1598	2115
		53,4%	82,2%	72,6%
	Gesamt	969	1943	2912
		100%	100%	100%

(Quelle: GGS 2005; eigene Berechnungen)

Tabelle 11: Verteilung der Berufssituation

	Häufigkeit	Prozent
unbefristeter Vertrag	1483	50,9
befristeter Vertrag	264	9,0
Selbstständig	229	7,9
in Ausbildung	234	8,0
Arbeitslos	230	7,9
zu Hause	410	14,1
Gesamt	2850*	97,8

* es fehlen Personen, die keine Angaben zu ihrer Berufssituation machten, in die Kategorie „Sonstiges" fallen, Rentner oder mithelfende Familienangehörige sind.

(Quelle: GGS 2005; eigene Berechnungen)

Tabelle 12: (weiterer) Kinderwunsch nach Berufssituation[91]

Kinderwunsch \ Berufssituation		unbefristeter Vertrag	befristeter Vertrag	Selbstständig	in Ausbildung	Arbeitslos	zu Hause	Gesamt
Ja	Anzahl	348	98	54	95	69	116	780
		23,5%	37,1%	23,5%	40,6%	30,0%	28,3%	27,3%
Nein	Anzahl	1051	156	169	129	150	264	1919
		70,8%	59,1%	73,5%	55,1%	65,2%	64,4%	67,3%
Weiß nicht	Anzahl	85	10	7	10	11	30	153
		5,7%	3,8%	3,0%	4,3%	4,8%	7,3%	5,4%
Gesamt	Anzahl	1484	264	230	234	230	410	2852*
		100,0%	100,0%	100,0%	100,0%	100,0%	100,0%	100,0%

* es fehlen Personen, die keine Angaben zu ihrer Berufssituation oder ihrem Kinderwunsch machten, in die Kategorie „Sonstiges" fallen, Rentner oder mithelfende Familienangehörige sind.

(Quelle: GGS 2005; eigene Berechnungen)

Tabelle 13: Planung eines (weiteren) Kindes innerhalb der nächsten drei Jahre nach Berufssituation[92]

Kind geplant \ Berufssituation		unbefristeter Vertrag	befristeter Vertrag	Selbstständig	in Ausbildung	Arbeitslos	zu Hause	Gesamt
Ja	Anzahl	252	65	40	36	36	77	506
		17,0%	24,7%	17,4%	15,4%	15,7%	18,8%	17,8%
Nein	Anzahl	1231	198	190	198	194	333	2344
		83,0%	75,3%	82,6%	84,6%	84,3%	81,2%	82,2%
Gesamt	Anzahl	1483	263	230	234	230	410	2850*
		100,0%	100,0%	100,0%	100,0%	100,0%	100,0%	100,0%

* es fehlen Personen, die keine Angaben zu ihrer Berufssituation oder Planung eines Kindes machten, in die Kategorie „Sonstiges" fallen, Rentner oder mithelfende Familienangehörige sind.

(Quelle: GGS 2005; eigene Berechnungen)

[91] Frage f061100: „Möchten Sie selbst jetzt (noch) ein (weiteres) Kind?" (TNS-Infratest 2005: 404).

[92] Die Frage f062200: „Haben Sie vor, in den nächsten drei Jahren ein Kind zu bekommen?", die Antwortmöglichkeiten „sicher ja" und „wahrscheinlich ja" bzw. „sicher nicht" und „wahrscheinlich nicht" und „weiß nicht" wurden zu Kind geplant bzw. kein Kind geplant zusammengefasst (TNS-Infratest 2005: 417).

Tabelle 14: (weiterer) Kinderwunsch nach Zufriedenheit mit der eigenen Arbeitsplatzsicherheit (Basis: nur abhängig Beschäftigte)[93]

Kinderwunsch \ Arbeitsplatzsicherheit		nicht zufrieden	mäßig zufrieden	zufrieden	Gesamt
Ja	Anzahl	62	145	231	438
		29,7%	21,9%	26,9%	25,3%
Nein	Anzahl	138	482	580	1200
		66,0%	72,7%	67,6%	69,4%
Weiß nicht	Anzahl	9	36	47	92
		4,3%	5,4%	5,5%	5,3%
Gesamt	Anzahl	209	663	858	1730*
		100,0%	100,0%	100,0%	100,0%

* es fehlen Personen, die keine Angaben zu ihrer Berufssituation oder ihrem Kinderwunsch machten, in die Kategorie „Sonstiges" fallen, Rentner oder mithelfende Familienangehörige sind.

(Quelle GGS 2005; eigene Berechnungen)

Tabelle 15: Planung eines (weiteren) Kindes innerhalb der nächsten drei Jahre nach Zufriedenheit mit der eigenen Arbeitsplatzsicherheit (Basis: abhängig Beschäftigte)[94]

Kind geplant \ Arbeitsplatzsicherheit		nicht zufrieden	mäßig zufrieden	zufrieden	Gesamt
ja	Anzahl	46	103	168	317
		21,9%	15,5%	19,6%	18,3%
nein	Anzahl	164	561	689	1414
		78,1%	84,5%	80,4%	81,7%
	Anzahl	210	664	857	1731*
		100,0%	100,0%	100,0%	100,0%

* es fehlen Personen, die keine Angaben zu ihrer Berufssituation oder Planung eines Kindes machten, in die Kategorie „Sonstiges" fallen, Rentner oder mithelfende Familienangehörige sind.

(Quelle GGS 2005; eigene Berechnungen)

Tabelle 16: vorhandener (weiterer) Kinderwunsch von Männern und Frauen nach Vertragsart (Basis: abhängig Beschäftigte)

Kinderwunsch \ Vertrag		unbefristeter Vertrag	befristeter Vertrag	Gesamt
Männer	Anzahl	191	50	241
		23,20%	37,00%	25,20%
Frauen	Anzahl	156	48	204
		23,60%	37,50%	25,90%

(Quelle GGS 2005; eigene Berechnungen)

[93] Frage f061100: „Möchten Sie selbst jetzt (noch) ein (weiteres) Kind?" (TNS-Infratest 2005: 404).

[94] Die Frage f062200: „Haben Sie vor, in den nächsten drei Jahren ein Kind zu bekommen?", die Antwortmöglichkeiten „sicher ja" und „wahrscheinlich ja" bzw. „sicher nicht" und „wahrscheinlich nicht" und „weiß nicht" wurden zu Kind geplant bzw. kein Kind geplant zusammengefasst (TNS-Infratest 2005: 417).

Tabelle 17: Planung eines Kindes von Männern und Frauen nach Vertragsart (Basis: abhängig Beschäftigte)

Vertrag / Kind geplant		unbefristeter Vertrag	befristeter Vertrag	Gesamt
Männer	Anzahl	139	34	173
		16,90%	25,20%	18,00%
Frauen	Anzahl	114	31	145
		17,20%	24,20%	18,40%

(Quelle GGS 2005; eigene Berechnungen)

Tabelle 18: vorhandener (weiterer) Kinderwunsch verschiedener Altersgruppen nach Vertragsart (Basis: abhängig Beschäftigte)

Vertrag / Kinderwunsch		unbefristeter Vertrag	befristeter Vertrag	Gesamt
18 bis 25	Anzahl	63	35	98
		55,80%	55,60%	55,70%
26 bis 33	Anzahl	167	36	203
		53,20%	46,20%	51,80%
34 bis 41	Anzahl	104	19	123
		18,20%	27,50%	19,20%
42 bis 49	Anzahl	13	8	21
		2,70%	15,10%	3,90%

(Quelle GGS 2005; eigene Berechnungen)

Tabelle 19: Planung eines Kindes verschiedener Altersgruppen nach Vertragsart (Basis: abhängig Beschäftigte)

Vertrag / Kind geplant		unbefristeter Vertrag	befristeter Vertrag	Gesamt
18 bis 25	Anzahl	31	19	50
		27,20%	29,70%	28,10%
26 bis 33	Anzahl	133	29	162
		42,50%	37,20%	41,40%
34 bis 41	Anzahl	85	12	97
		14,80%	17,60%	15,10%
42 bis 49	Anzahl	3	5	8
		0,60%	9,40%	1,50%

(Quelle GGS 2005; eigene Berechnungen)

Tabelle 20: vorhandener (weiterer) Kinderwunsch von West- und Ostdeutschen nach Vertragsart (Basis: abhängig Beschäftigte)

Kinderwunsch \ Vertrag		unbefristeter Vertrag	befristeter Vertrag	Gesamt
Westdeutschland	Anzahl	301	88	389
		24,2%	40,7%	26,7%
Ostdeutschland	Anzahl	47	10	57
		19,3%	20,8%	19,6%

(Quelle GGS 2005; eigene Berechnungen)

Tabelle 21: Planung eines Kindes von West- und Ostdeutschen nach Vertragsart (Basis: abhängig Beschäftigte)

Kind geplant \ Vertrag		unbefristeter Vertrag	befristeter Vertrag	Gesamt
Westdeutschland	Anzahl	219	61	280
		17,6%	28,2%	19,2%
Ostdeutschland	Anzahl	33	5	38
		13,6%	10,4%	13,1%

(Quelle GGS 2005; eigene Berechnungen)

Tabelle 22: vorhandener (weiterer) Kinderwunsch verschiedener Bildungsgruppen nach Vertragsart (Basis: abhängig Beschäftigte)

Kinderwunsch \ Vertrag		unbefristeter Vertrag	befristeter Vertrag	Gesamt
Hauptschulabschluss	Anzahl	97	30	127
		20,00%	40,50%	22,70%
Realschulabschluss	Anzahl	126	25	151
		21,60%	32,10%	22,90%
(Fach-)Abitur	Anzahl	121	41	162
		29,80%	41,80%	32,10%

(Quelle GGS 2005; eigene Berechnungen)

Tabelle 23: Planung eines Kindes verschiedener Bildungsgruppen nach Vertragsart (Basis: abhängig Beschäftigte)

Kind geplant \ Vertrag		unbefristeter Vertrag	befristeter Vertrag	Gesamt
Hauptschulabschluss	Anzahl	64	21	85
		13,20%	28,00%	15,20%
Realschulabschluss	Anzahl	94	19	113
		16,10%	24,40%	17,10%
(Fach-)Abitur	Anzahl	94	25	119
		23,20%	25,50%	23,70%

(Quelle GGS 2005; eigene Berechnungen)

Tabelle 24: vorhandener (weiterer) Kinderwunsch von Eltern und Kinderlosen nach Vertragsart (Basis: abhängig Beschäftigte)

Kinderwunsch \ Vertrag		unbefristeter Vertrag	befristeter Vertrag	Gesamt
Kinderlose	Anzahl	213	60	273
		49,9%	48,8%	49,6%
Eltern	Anzahl	134	38	172
		12,7%	27,0%	14,4%

(Quelle GGS 2005; eigene Berechnungen)

Tabelle 25: Planung eines Kindes verschiedener Bildungsgruppen nach Vertragsart (Basis: abhängig Beschäftigte)

Kind geplant \ Vertrag		unbefristeter Vertrag	befristeter Vertrag	Gesamt
Kinderlos	Anzahl	158	38	196
		36,9%	30,9%	35,6%
Eltern	Anzahl	95	27	122
		9,0%	19,3%	10,2%

(Quelle GGS 2005; eigene Berechnungen)

Tabelle 26: vorhandener (weiterer) Kinderwunsch verschiedener Haushaltseinkommensgruppen nach Vertragsart (Basis: abhängig Beschäftigte)

Kinderwunsch \ Vertrag		unbefristeter Vertrag	befristeter Vertrag	Gesamt
unter 999 €	Anzahl	16	9	25
		38,10%	52,90%	42,40%
1000€ bis 1999€	Anzahl	91	29	120
		31,50%	34,90%	32,30%
2000€ bis 2999€	Anzahl	128	35	163
		22,30%	46,70%	25,10%
über 2999€	Anzahl	85	15	100
		21,70%	26,30%	22,30%

(Quelle GGS 2005; eigene Berechnungen)

Tabelle 27: Planung eines Kindes verschiedener Haushaltseinkommensgruppen nach Vertragsart (Basis: abhängig Beschäftigte)

Kind geplant \ Vertrag		unbefristeter Vertrag	befristeter Vertrag	Gesamt
unter 999 €	Anzahl	6	6	12
		14,30%	35,30%	20,30%
1000€ bis 1999€	Anzahl	59	18	77
		20,40%	21,40%	20,60%
2000€ bis 2999€	Anzahl	95	28	123
		16,60%	36,80%	18,90%
über 2999€	Anzahl	69	10	79
		17,60%	17,90%	17,70%

(Quelle GGS 2005; eigene Berechnungen)

Tabelle 28: vorhandener (weiterer) Kinderwunsch verschiedener Lebensformen nach Vertragsart (Basis: abhängig Beschäftigte)

Kinderwunsch \ Vertrag		unbefristeter Vertrag	befristeter Vertrag	Gesamt
kein gemeinsamer Haushalt*	Anzahl	75	32	107
		39,9%	41,0%	40,2%
nicht verheiratet im Haushalt	Anzahl	102	16	118
		43,6%	37,2%	42,6%
verheiratet im Haushalt	Anzahl	170	50	220
		16,0%	35,2%	18,3%

(Quelle GGS 2005; eigene Berechnungen)

Tabelle 29: Planung eines Kindes verschiedener Lebensformen nach Vertragsart (Basis: abhängig Beschäftigte)

Kind geplant \ Vertrag		unbefristeter Vertrag	befristeter Vertrag	Gesamt
kein gemeinsamer Haushalt*	Anzahl	42	15	57
		22,3%	19,2%	21,4%
nicht verheiratet im Haushalt	Anzahl	72	11	83
		30,8%	25,6%	30,0%
verheiratet im Haushalt	Anzahl	138	39	177
		13,0%	27,5%	14,7%

* verheiratet und nicht verheiratet

(Quelle GGS 2005; eigene Berechnungen)

Autorenprofil

Die Autorin Katharina Kayser, Jahrgang 1985, schloss ihr Studium der Soziologie an der Johannes Gutenberg-Universität Mainz im Jahr 2012 mit dem akademischen Grad Diplom-Soziologin erfolgreich ab. Im Rahmen ihres Studienschwerpunktes Familiensoziologie entwickelte die Autorin ein besonderes Interesse an diesem Themenbereich, der diesem Buch zugrunde liegt.